AI時代を生きるための「非認知スキル」

親が偏差値思考をやめれば、不思議なほどわが子は伸びる

日本アクティブラーニング協会理事
青木唯有

幻冬舎

はじめに

現在私は、総合型選抜の合格者に共通する「不思議な学力」について自身の知見を提供し、大学や企業との共同研究により、その実態を解明するプロジェクトに携わっています。

この研究活動にかかわる大きなきっかけとなったのが、それまでの私自身のキャリアです。20年以上にわたり中高生のための大学受験指導に従事してきたのですが、私が勤務していた民間教育機関は「偏差値を使わない進路指導」をポリシーとする私塾でした。これは、大学受験の常識ではありえない指導方針でしたが、実際にこの塾は１９７９年の開塾以来、偏差値ではなく「受験生のやりたいこと」を中心に据えた指導を実践し続けており、業界の異端とも言われる草分け的な存在です。

一般に進学先を選ぶ際の判断基準として偏差値を目安にすることは当然の感覚だと思いますし、偏差値の基準なしに学力を測ったり伸ばしたりするイメージを持つことは難しいでしょう。ですが、私は、「偏差値を使わない進路指導」によって多くの中高生たちをそれこそ最難関と称される大学に毎年のように送り出してきました。

一体、どのように私が子どもたちの力を見出し鍛えていったのか？

それは、この私塾の中で人物を多面的・総合的に評価する総合型選抜に特化した指導を、ひたすら実践してきたことに尽きます。振り返れば、その指導実績は延べ3万人にのぼります。

多面的・総合的な評価制度として、これまでＡＯ入試と呼ばれた制度は、２０２１年度から総合型選抜に名称が変わることとなりました。ここ数年の間、この選抜方式が注目され始め、その指導を売りにする予備校も増えています。大学進学において総合型選抜を視野に入れる受験生が、徐々にではあるものの確実に増加していることがその背景にあるのでしょう。

ようやく受験生の選択肢として存在感を増してきている総合型選抜ですが、私が指導を始めた20年以上前は、ほとんど見向きもされませんでした。それどころか選抜基準が曖昧であると訝《いぶか》しがられ、スポーツや文芸などの秀でた活動実績を有する「特別な人たちのための特別な入試」だとか、「学力不問のまるで宝くじのような入試」だとか、散々な誤解と偏見にさらされ続けてきました。

ただし、総合型選抜に対するそのような認識が生じてしまうのは、ある意味では致し方ないと感じる側面もあります。確かにこの選抜では、偏差値という指標では全く説明のつかない奇跡のような合格が続々と現出するからです。それゆえに「偏差値では受からないはずの大学に合格させるなんて、実力不相応の進学で後が大変になる」などと揶揄されることもたびたびありました。

いずれにしても、これまでの進路指導において伝家の宝刀であった偏差値という指標が全く役に立たないわけです。恐らく、このような総合型選抜における独特な性質が、多くの教育関係者がその指導を避けてきた最大の理由だと思われます。

ですが、私は、多くの指導を重ねていく中で、総合型選抜に合格する受験生が有する力には共通する「目には見えない何か」があるということを確信するようになっていきます。偏差値での判定においては合格する可能性が限りなくゼロに近かった受験生が、周囲の予想を大きく裏切り、驚くような名門大学に合格していく姿を毎年のように目の当たりにする中で、数多くの知見を得ることができたからです。

そうした経験値と見識によって、現職における「非認知スキル」の研究の推進につながったのですが、この調査研究のおかげで、総合型選抜を通して得られるような能力こそが、偏差値以上に子どもたちの真の実力を示すものであり、その後の人生を支える基盤となることが続々と証明されつつあります。

実は、総合型選抜における「偏差値を使わない進路指導」に対し、こうした研究によるエビデンスのない時代から最大の理解を示し、かつ同志となった存在が、受験生の親です。

家庭や仕事といった実社会で一番重要なことは、偏差値では測れない資質であることを直感的に捉えており、それこそが親として子どもに残すべきものであるという切実な願いが、私が実践してきた進路指導の方針と一致したのだと思います。

その意味で、本書は単なる受験指導のノウハウではなく、これからの時代を生きる人財について、さまざまな立場の方に一つの視点を提示するものになればと思っています。

本書が、偏差値では決して測ることのできない「不思議な学力」の正体について、より多くの方にご理解いただく一助となれば幸いです。

「親が偏差値思考をやめれば、不思議なほどわが子は伸びる」目次

第1章 偏差値教育が日本経済をダメにした？

第2章

新時代入試、親の知恵が合否を決める！

第3章

新時代入試突破のカギは「非認知スキル」にあり

第4章

家庭で磨く、わが子の非認知スキル

第5章

今すぐ始められる！「合格する子の親」に共通する8つの習慣

第1章

偏差値教育が日本経済をダメにした?

世紀の発明品
ウォシュレット®が世界展開できないわけ

日本の偏差値教育と総合型選抜（旧ＡＯ入試）、そして経済について語るとき、私にはどうしても頭に浮かんでしまうモノがあります。

来日したレオナルド・ディカプリオがアメリカに持ち帰り、映画『メン・イン・ブラック』のウィル・スミスが絶賛し、日本公演にやってきたマドンナに、「(これに)会いに来たわ」と言わしめた、日本が誇る発明品――。

ＴＯＴＯの、温水洗浄便座ウォシュレット®がそれです。

１９８０年の発売以来、累計出荷台数は５０００万台を突破し、日本での一般世帯普及率は80・2％（２０２０年6月23日号ＴＯＴＯニュースリリースより）と、昨今では「トイレにあって当たり前」のものとなりました。登録商標ではありますが、ホチキスやセロテープなどと同様に、温水洗浄便座全体を表す一般名詞にさえなっていますよね。

私はこの商品を、ゼロから有を生み出したどこにもないメイド・イン・ジャパン商品であるとさえ思っていますが、世界展開はそれほどスムーズには見えません。

ウォシュレットそのものは非常にいい製品で、万人に理解されるモノであることは、多くの方が同意してくださると思います。テレビ番組などで、来日された海外の方々が感動されている様子を目にしたことがある人は、少なくないのではないでしょうか。さらに今は、よい製品やサービスがあれば、瞬く間に世界中に広がる時代です。

ところが、現状は、ニューヨークの五つ星ホテルですら、いまだにウォシュレットではなく普通のトイレなのです。ウォシュレットはもともとヨーロッパにあったビデの文化を発祥としているそうですから、用を足せればいいということだけではなく、よりよい機能をトイレに求める風土は、日本だけでなく海外にもあるはずです。

にもかかわらず、これだけ質の高い日本の製品が、世界になかなか普及しない原因は、一体どこにあるのでしょうか？　理由として、生活文化の違いや水質の問題など、一朝一夕には越えがたい課題があることも事実です。

ですが私は、こうした文化や自然環境だけではない、日本人特有の課題があるように思うのです。それは、そもそものビジネスのあり方の問題、すなわちプラットフォームの問題です。

モノは作れても、プラットフォームは作れない日本

私たち日本人は、改良改善にとても秀でた民族です。

経済活動では特に顕著で、企業の多くは21世紀の現在でも社内で企画し、社内で製造というスタイルを好みます。そうして開発されたモノや商品に、多額のお金を投資して改良や改善を重ねていく。

こうした販売戦略が日本の製造業の原型で、モノがなかった時代にはとてもうまくいきました。ただ単にご飯が炊ける炊飯器よりも、炊き上がりが自分好みに調節できる炊飯器の方が誰にとってもいいですし、炊き上がりが調節できるだけよりも、炊き上がり時間が設定できる方が便利ですから。既存の商品に対して「さらにこれがあれば便利だろう」という改良を加え、それを改善していくことで、自ずと選ばれる製品

が出来上がったのです。

ですが、世界中にモノが溢れかえった21世紀には、こうした販売戦略はすっかり時代遅れになりました。代わりに登場したのが、そう、モノを売る土台であるプラットフォーム（販売環境）から構築しようという戦略でした。

こうしたプラットフォーム・ビジネスの代表的な成功例と言えば、AppleのiTunesであり、Amazonでしょう。

iTunesは、それまでレコードやＣＤといったハードウエアの形態で流通していた音楽コンテンツの販売を、インターネット上でデータとして流通販売するスタイルに一大転換させました。iTunesというプラットフォームを持つことで、一時は売却話まで出ていたAppleの業績を驚くほどのスピードで改善させたばかりか、コンピューターメーカーという枠を飛び越してコンテンツのインフラ企業にまで変身させ、米国企業で初めて時価総額2兆ドル（およそ２１２兆円／２０２０年8月19日現在）を突破する、世界一の優良企業へのぼり詰める原動力を得たのです。

そして、まさに現在、最強かつ最大のプラットフォーマーに君臨しているのが

Amazonです。あらゆるパートナー企業と提携し、彼らの商品やサービスを販売するための「場」を提供し、さらにはそこから得られる顧客ごとの購買履歴や商品閲覧状況などの膨大なデータを販売施策に活かすことでマーケットを拡大し続けています。これによりAmazonは、「よく売れるものをいかに作れるか」というモノを売ることで稼ぐメーカー主導の販売促進ではなく、「最高の顧客体験を提供する」という超顧客中心主義によるビジネスモデルを確立したのです。

つまり、プラットフォーム・ビジネスでは、発想そのものが既存のビジネスとは異なっているのです。

翻って日本企業を見渡してみると、こうした土台から構築できた世界的企業は見当たりません。日本の時価総額のトップ10を並べてみても、プラットフォーマーは見当たらないばかりか、顔を出すのは国のバックアップがあるような国策企業ばかり。それらの企業さえも、時価総額はこの10年間でぐっと減少しています。

プラットフォームを作らなければならないという焦りは日本企業にもあって、システム提供などもしていますが、システムを作ることで得られる仕事は、いわゆる保守管理と言われるものが中心です。「メンテナンスを請け負います」とか、「この部分の改修を行います」など、言い方は悪いですが、コバンザメ型のようなビジネス止まりになってしまっているのです。本来の意味でのプラットフォーム構築では、楽天が健闘していますが、それでも日本市場の枠内にとどまってしまっています。

こうした状況から、日本人は既存のルールの中で改良改善して発展させることは得意であっても、それまであった文化や慣習にまで変化や影響を与えるような、全く新たな社会基盤の枠組みを敷くことについては、とても不得手な国民と言えるように思えてしまうのです。

日本がこれまで強みとしてきた、性能に優れた質の高い製品を生み出す技術はもちろん重要です。ですが、これからは、多様な存在とつながりながら、新しい価値や概念を生み出し、社会の流れに良質な変化をもたらすような人財の育成が、経済の発展のみならず、豊かな未来を切り拓く上でより強く求められるのではないでしょうか？

もちろん、そのための推進力として教育があるはずなのですが、まさに、ここに大きな課題が存在します。

すべての元凶は、日本のガラパゴス教育にあり

日本の公的教育制度は、１８７２（明治5）年の義務教育制度から始まります。

当時は学校運営の費用は受益者負担。それもあって就学率は男性が39・9％、女性が15・1％と男子優先ではありました。ところが、そこから程なくして女子の就学率も急激に伸び、日露戦争（１９０４―05）の頃には既に90％を超えています（ちなみに同時期の男子の就学率は約97％です）。つまり、明治期における日本は、驚くほど短期間のうちに近代的な教育システムの導入を成功させていたということがわかります。

一方、その時代から現在に至るまで、日本も世界も大きな変化を経験しています。あまりにも周知のことですが、情報通信技術は私たち一人ひとりの生活に完全に溶け込み、今では小学校高学年の34・6％、中学生の75・4％、高校生の92・4％がスマホを所持しています（２０２０年1月17日～22日実施の東京都の『家庭における青少年の携帯電話・スマートフォン等の利用等に関する調査』より）。

それなのに、日本の教育の現場では、全く変わっていない風景があるのです。

「生徒全員が四角い机を前に、黒板の方を向きながら、教科書の内容を先生が講義するのを静かに座って拝聴する――」

小学校から大学に至るまで、この学習スタイルは１５０年近く前から全く変わっていません。

全員が同じことを、同じ方向を向きながら同じペースで学んでいくこうした学習スタイルは、均一の情報を一斉に伝達する手段としては一定の機能を果たします。ですが、それはあくまでも情報を伝達する技術が乏しいことを前提としたしくみです。

ここで海外に目を向けてみましょう。

ブラジルのある小学校の教室を例に挙げると、生徒たちは円形のテーブルに４～５人ずつで座っており、そのテーブルが教室内に複数あります。ですから教室の前とか後ろとかがありません。「学習は前を向いてするもの」という概念そのものがないのです。生徒たちは丸いテーブルで、時には揃ってスクリーンを見つめ、時にはそれぞれが手元のタブレットを見ながら、自分のペースで学んでいきます。先生たちはその間を歩いて様子をうかがいながら、それぞれの子どもたちの進捗状況や理解度を汲み取り、個別の課題を与えることができます。子どもにとって学ぶための環境には前もなければ後ろもなく、それぞれがそれぞれの学力に応じて各自のスピードで学んでいけばいい環境です。

そもそも人の能力には差があって当然です。その前提の中で弱い部分を克服し、優れた部分を伸ばしていけばいいだけです。それを、このブラジルの小学校では、教育の中にテクノロジーを取り入れることで実現しています。

当たり前のことですが、人間は、一人ひとり全く異なる個性を持っています。そのあり様の違いを活かし、伸ばすために存在するのが教育であるならば、最新の技術によって学びを最適化するブラジルの小学校の風景は、今の時代において当然の流れだと言えるでしょう。

だからこそ、日本の教育の日常では当たり前となっている「均一の情報を一斉に伝達する」という環境は、実はかなり特異なことだとわかります。

そして、その延長線上に硬い岩盤のように存在するものが、「正解ありき」の教育であり、さらに、その正解にいかにして効率的にたどり着けるかの優劣を炙《あぶ》り出す指標である「偏差値」です。

偏差値教育が生み出す「見えない壁」

私はこれまで、延べ3万人の高校生に対し、総合型選抜の指導を行い、合格に導いてきました。その経験から感じるのは、日本の教育界に蔓延する偏差値主義による弊害です。

偏差値という一つの指標があって、その勝者となるためには非常に努力を重ねていくけれど、それは、主に記憶力という人間が持つ資質の中の、ごく一部の能力を相対的に示したものにすぎません。偏差値算出のもととなるペーパーテストでは、必ず正解があって、いかにその正解に近づけるかが問われます。

こうした学びに長けた人間は、たとえば、既存製品（＝正解）に対する改良改善の分野では一定の成果を発揮できるでしょう。既に出来上がっているモノや概念に対して、修正を施していくことが求められますから、正しい情報をインプットし、正確に再現するという偏差値的な訓練がそのまま活かせるのです。

確かにこれまでの日本では、モノでもサービスでも欧米で構築されたモデルのようなものが先にあって、それをインプットする、つまり模倣することで業績を伸ばすというビジネスモデルが主流でした。だから偏差値主義でも、企業は業績を伸ばしていくことができたのでしょう。

ですが今は、前述したようにモノに改良改善を加えれば売れる時代ではありません。そうした便利さの追求よりも、人々がまだ気づいていないような価値を見つけ出し、具体的に展開することの方がより強く求められます。

ところが、「正解ありき」の偏差値教育の中で育った人間は、既存の枠組みにはない、全く違う新機軸を打ち出すことが難しい状態に陥りやすくなることを、私は中高生たちと接する中で日々実感してきました。

さらに言えば、企業においても小中高大学での偏差値文化が社会に持ち越されることで、文化や習慣の違いを打破するような発想に行き着けないというジレンマがあるのではないか？　つまりは、偏差値からもたらされた「見えない壁」のような限界があって、そのせいで、変化や転換が阻害されているのではないか？　そんなふうにも感じるのです。

スピーチ力皆無で社会に巣立っていく日本人

いわば一律の情報を絶対的な正解としてインプットする偏差値教育が象徴する一つの現象が、日本のビジネスパーソンは社会に出るまでスピーチの経験がほぼないという事実です。多くの社会人は、自分の意見をアウトプットするという場数をほぼ踏まずに実社会に出ます。

たとえば、「10日後に、仕事について１００人の前で10分ほどスピーチをお願いします」と言われたら、その日までの10日間どうやって過ごすでしょうか？

正解のインプットということが基本的な学習姿勢として身についている人の場合、

まずは参考にできそうな本を読み、「何かスピーチに使えるいいアイデアはないか？」とスピーチの文例をあさり始める人が多いのではないでしょうか。つまり、どこまでいってもインプットによる学習から抜け出せません。

スピーチとは自らの肉声で聴衆にメッセージを伝えることですが、一個人のこうしたパフォーマンスが大きな影響力をもたらすことを証明したのは、やはりAppleのスティーブ・ジョブズ氏でしょう。初代iPhoneの発表、スタンフォード大学卒業式でのスピーチなど、彼の類稀なるプレゼンテーションは歴史に残るメッセージとして語り継がれています。製品としての魅力はもちろんですが、「この人から買いたい」「この人が描く未来を自分も見てみたい」、そんなふうに多くの人の心に刺さるようなジョブズ氏自らの強烈なメッセージは、製品のみならず企業のブランド力をも押し上げました。

また、「エレベーターピッチ」というプレゼンテーションの極意とも言える話術についてご存じでしょうか？　ピッチには「投げかける」という意味がありますが、文字通り、エレベーターの中でのわずかな時間で相手を惹きつける最高のプレゼンテーションをするという意味です。世界のトップベンチャー企業の聖地であるシリコンバレーでは、「起業家はエレベーターの中で投資家に会ったとき、目的階に着くまでの数十秒間で自社のビジネスプランを的確に伝えられることが必須である」とされています。

実際に、ダイヤモンド販売チェーンのオーナー、ハーツバーグJr.氏は、世界最大の投資会社バークシャー・ハサウェイの会長兼ＣＥＯであるウォーレン・バフェット氏に偶然ホテルで出会ったときに、30秒で自社の投資価値を伝えました。それをきっかけにこの企業をバフェット氏に好条件で売却することができたのです。

ビジネスでの商談において、モノの機能や自社の特徴を用意周到に説明すること以上に、突然に現れるような好機を逃さず相手の心を惹きつける強烈なメッセージを伝える力は今後ますます求められていくはずです。その前提として、**自分が「どんなことを考え、何をしたい人であるのか？」といったことを日常の中で絶えず明確に表す**ことが第一歩となるはずです。

このようなプレゼンテーションのセンスは、決して正解をインプットするだけの偏差値教育からは育まれません。

日本人が海外に行った際、日本文化について聞かれることがよくあるでしょう。「日本には１０００年も前に書かれた『源氏物語』という長編小説があると聞くが、それについて聞かせてほしい」「日本文化の特長についてあなたの考えは？」などなどです。インプットによるトレーニングからは、『源氏物語』に関して言えば、完成した年代とか完了の助動詞とか、日本史や古文で習い、ペーパーテストで出題されるような知識は得られるでしょう。ただ、そうした知識がいくら大量にあったとしても、その奥深さや日本に与えた影響などについて「自らの言葉」で語れるようになるとは限りません。

なぜなら、他者の心に響くような「自らの言葉」を持つには、まず「自分はこう考える」というアウトプットのトレーニングが欠かせないからです。それを繰り返すことで、自分の意見に対する反応やその影響を肌で感じながら、徐々に徐々に「自分はどんな人間で、何にプライオリティを持ち、どこに向かいたいのか？」といった自らのアイデンティティを掘り下げられるようになるのです。

このような土台があって得られる知識こそが、その人が本当にその人らしくあるための「知恵」になるのだと思います。

入試で偏差値が問われるのは日本だけ

ちなみに偏差値という言葉は、英語では「ディビエイション・スコア（Deviation score）」と言いますが、特殊な用語で、使うのはごく限られた人たちだけです。

ある東大生が、海外で鼻高々と「自分は偏差値75だ」と言ったところ、「あなたは統計学者なのか？」と尋ねられたという笑い話があります。それぐらい、海外では知られていないばかりか、全く重要視されていません。

もちろん、海外にも入試という制度は存在しますし、時代の先端を行くような企業への就職には、日本とは比べものにならないほど厳しい試験をくぐり抜けなくてはなりません。

では、海外の一流大学が何を基準に学生を選抜し、先端企業がどう社員を選んでいるかというと、それは「ホリスティック・レビュー(Holistic review)」によるものです。

ホリスティックとは、「全体的」「包括的」という意味ですが、日本語にするとしたら「総合評価」という訳が正しいでしょう。

つまりはハーバード大学やケンブリッジ大学などでは、日本で言うところの総合型選抜での選抜が主流なのです。

こうした学校では、志望者が今まで何をやってきたかという活動報告や、これから何を目指すのかといったエッセイを、志望する大学に主にオンラインで提出します。その内容によって合否を決定されるのが原則となっています。

当然のことながら、アメリカにも基礎学力を見る共通テストというものは存在します。ＳＡＴ(Scholastic Assessment Test)という日本でいうところの大学入学共通テストのようなものがそれですが、ハーバード大学では２０１６年に、このＳＡＴを利用中止にしているのです。

つまりは**世界最高峰の大学は、偏差値のような知識の相対評価での学生選抜など行っていません。**

これはすなわち、最優秀とされる大学は、偏差値だけを見ていては優れた人財を見極めることはできないと判断しているということなのだと思います。

こう書くと、「ハーバードは書類審査だけで入れるのか⁉　日本の大学を受験するよりずっと楽そうだ」という声が聞こえてきそうですが、とんでもない誤解です！

たとえばハーバードの医学部を志望するなら、成績が優秀なのは当たり前であって、その上で地域社会やコミュニティーに対して何を還元してきたかとか、どんなふうにリーダーシップをとって、何をまとめ上げてきたのかまで自らの活動歴を証明することが求められます。さらには学んだことを活かし、それを社会にどうつなげていくかの行動計画も欠かせません。

それらすべてが本当に本人の中から育まれたものであるかを大学に伝えられないと、入学することはかなわないのです。

学生としての生活のすべてはもちろんのこと、将来設計まで合否判定の基準になるわけですから、勉強さえ頑張っていればいい日本の医大とは、もはや大変さの次元が違います。

日本の大学をよく知るアメリカ人から、しばしば「日本の大学って、入学が簡単でいいですね」と言われるのはこれが原因でしょう。日本では、東大の医学部ですら医学部を志望する理由や、その先何をして社会に貢献するつもりなのかも、合否判断には大きく影響しません。試験日の成績さえよければ、ほぼそれだけで入学することができるからです。

大学の経営戦略が日米では正反対

もちろん、海外の大学のような総合評価による入試制度が、大学側にとって負担が小さいものであるはずがありません。学生が自らの将来を懸けてしたためた活動報告やエッセイですから、読み込む側にも、それなりの準備や素養、能力、準備期間が求められます。日本のように数日間の入学試験の点数で区切って合否を判定する方が、ずっと簡単なはずです。

これはかなり踏み込んだ話かもしれませんが、日本の場合、一般選抜で試験をすれば、受験生一人につき3万5000円の受験料が徴収できます。さらにペーパーテストによる選抜は、正解に基づき、採点基準が一律に設定できるため、記述式の問題があったとしても、ある程度システマティックな採点が可能です。マークシート方式が編み出されたことによって瞬時に何万人もの採点ができるようにもなりました。教育機関側は教室を試験会場として開放するだけで、数億の収入が得られます。総合評価に切り替えると一人ひとりを詳しくみる必要がありますから、自ずと受験生の数を絞らなければなりません。そうするとコストがかさむばかりか、受験料収入もダウンしてしまうのです。

一方で、海外の名門大学各校はすべからく入試をホリスティック・レビュー、つまりは総合評価で行っています。

それはなぜなのでしょうか？

たとえばアメリカの場合、名門と言われる大学の多くは私学です。経営資金が国から出ている国立の大学は軍関係というか、国防や国家機密に携わる大学以外ありません。そして、アメリカの私立大学の資金調達は日本の大学のそれとは全く構造が異なります。日本の大学は経営資金の多くは授業料収入など、学生納付金で占められています。ところが、アメリカの私立大学は、日本の大学の比にならないほどの寄付金を集め、さらにそれらを上手に資産運用することで大学を運営しています。しかも、アメリカの大学に寄付をするのは、財団や企業だけではありません。卒業生による個人的な寄付の割合も比較的高いのです。

つまり、大学からビル・ゲイツのような卓越したビジネスパーソンを誕生させ、そうした卒業生からの寄付金を得て、その資金で運営することで学生からの授業料収入だけに依存しない大学経営を実現させているのです。

この事実から、アメリカの大学では、優秀な人財を採用し、社会に送り出すことそのものが、実は大学経営に直結していることがわかります。ちなみにこうしたＯＢ・ＯＧが拠出した２０１９年度の寄付金の総額は、ハーバードで11億ドル。現在のレートなら、１２００億円と言われています。

アメリカの大学の寄付制度のベースには、税制の違いや、「持てるものは施さなければならない」というキリスト教の影響があるにせよ、東大の年間寄付金41・7億円（２０１９年度）と比べてもケタ違いで、寄付金あればこその学校運営と言っても過言ではありません。

日本の大学は、偏差値が高くいくら難関と言われる大学であっても、出口戦略というか、その大学の卒業生が何をし、どう活躍するかという視点に欠けていると言えるでしょう。卒業生がどういう企業を興したとか、あるいはどういうことで社会に貢献しているかということこそが、真の意味でその学校のスコアを高めることであるはずなのに。入口戦略と出口戦略、大学の価値を高める戦略が、日米では正反対なのです。

日本の入試における採用戦略が、同じような品質（能力）のものを米のように育てて一斉に刈り取る農耕型の採用だとしたら、欧米のそれは、多様な存在を、必要なだけ採用する狩猟型の採用。こうすることで、組織全体の多様性を担保して、全く異なる人種や環境の中でも実力が発揮でき、全く新しい知見、全く違った考え方の中で、それまで考えも及ばなかったような新しい道筋が見つけられる力を養う土壌が形成されます。

つまり、大学経営、採用戦略、人財環境、そして社会貢献、それぞれが矛盾なく循環するようなしくみを形成し持続させるためにも、手間暇を惜しまない総合評価による入試は必須であることがわかります。

100円のボールペンを1万円で売るには？

そして、こうした総合評価は、実は企業の採用活動においても全く同様です。

たとえば、就職試験の面接のときに、「1本100円のボールペンを1万円で売るにはどうしたらいいか？」というようなことがしばしば聞かれます。最終面接の数段前の段階、集団面接や1次面接ぐらいの段階で、普通にそれを聞かれるわけです。

試しに、面接で出そうな質問をご紹介します。ぜひ一度トライしてみてください。

- あなたの個人的な「緊急事態宣言」とは何ですか？
- あなたが過去に「絶対に流行しない」と思っていて現在大流行しているものは何ですか？
- 哺乳類が100万年かかる進化をウイルスはわずか1年でやってのけるといいます。このメッセージからあなたは何を感じますか？

- あなただけが1日28時間使えるとしたら特別な4時間を何に使いますか？
- 「リモートワーク」で絶対にできないことは何だと思いますか？
- おにぎりとサンドイッチ、あなたはどちらが好きですか？　その理由も教えてください。
- 日本にもう1日祝日を作るとしたらあなたは何の日を制定しますか？
- 「木曜日の私」というタイトルで60秒間の話をしてください。
- コーヒーが苦手な人にコーヒーを飲ませる方法を教えてください。
- 電車の中で高齢者に席を譲ったところ「いや、結構です」と断られました。どうしても席に座ってほしいときにかけるあなたの一言とは何ですか？

いかがでしたでしょうか。さまざまな回答が予想されますが、優れた発想の回答が出ることはあったとしても、「これが正解」というものはありません。

ちなみに、このようないわゆる**「正解のない問題」に直面したときこそ、その人の本質が炙り出されやすくなります。**正解がないぶん、むしろ回答者の性格や発想、人生経験から育まれた価値観が問われるのです。

このような問いに対して、採用担当者である面接官の心を動かし、「ぜひわが社にほしい」となるような対話を展開する力は、質問に対しての正解が必ずあって、それを見つける速さと技術を問う偏差値偏重教育で生み出されるものではありません。

その人財が持つ「胆力《たんりょく》」のような、目に見えない資質を発揮することが求められるでしょう。詳しくは第2章でお話ししますが、そうした力はアートや直観に通じるものがあるとさえ言えるでしょう。

こうした能力は、最近では**非認知スキル**と言われ、教育の場においても徐々に注目されるようになってきました。

この非認知スキルに関しては第3章でじっくりと解説させてもらいますが、この能力と対照的な位置づけで語られるものが、ペーパーテストで点数化することができたり、偏差値によって相対的に定量化できたりする認知スキルです。

当然、企業の入社試験は、国内外を問わず、認知スキルだけでの採用は行っていません。むしろ、非認知スキルの方を重視するでしょう。

便利なものをたくさん作ればよい、欧米を模倣し再現すればよい、ということではもはや通用しない状況があるからこそ、偏差値が既に制度疲労を起こしていることも、当然多くの企業が気づき始めています。だからこそ、企業つまりは社会と接続する主たる存在である大学が果たす役割は、今後ますます大きくなるでしょう。

各大学が、偏差値一辺倒の認知スキルのみによる選抜からいち早く脱却し、総合評価によって非認知スキルを問う選抜方法に移行することは、未来の人財の思考のあり方を左右し、さらにはそれが国の経済や国力にまで影響を与えうる重要な決断となるはずです。

入試の総合評価化、総合型選抜の流れは止まらない

これからの入試の主流は総合評価制度であるＡＯ入試つまり総合型選抜であり、入試全体がＡＯ化するのは予想以上に早いだろうというのが、昨今の教育界全体の見解となっています。

もともと総合型選抜とは、１９９０年に慶應義塾大学がスタートさせたものでした。

この方法による人財の選抜と育成が、これからの日本に欠かせないとする大学独自のポリシーによる導入でした。文部科学省などによる国策のもと始めたものではなかったのです。

１９９０年といえばセンター試験が始まった年であり、最末期とはいえ、バブル経済が続いていた時代です。日本経済はまだまだ好調でしたし、大学でさえ資金は潤沢でした。総合型選抜は、そんな恵まれた経済状況の中、入試のあり方に危機感を抱い

た慶應義塾たった1校からスタートしたものだったのです。

教育の世界では、「慶應が動いて早稲田が広げる」と言われます。

慶應1校から始まった総合型選抜ですが、早稲田大学は今後、入学者の6割をこの入試での入学にすることを決定しており、今では私大入学者全体の52・4%が総合型選抜もしくは学校推薦型選抜で入学しています（2020年度実績より）。

私大がこぞって総合型選抜への傾倒を見せれば、国公立大学もそれに追随します。

東北大学は新しい試みに積極的なところから、私の個人的な感覚では国立大学の中での慶應のような位置づけにある印象です。旧帝国大学の中ではもっとも早い段階から総合型選抜を導入した大学なのです。

その東北大での総合型選抜による入学者数増加は目覚ましく、2017年には489名が総合型選抜と特別推薦による入学で、2020年は入学者2427名中、26%に当たる626名が総合型選抜と特別推薦による入学でした。同大は今後これを3割にまで広げることを決定しています。筑波大学に至っては、こうした入試による入学が既に4割近くにのぼります。

世界の大学ランキングに『タイムズ・ハイアー・エデュケーション』というイギリスの教育情報誌が発表しているランキングがありますが、東北大学は同誌の２０２０年度日本版のランキングで東京大学を押し退けて日本一に輝いています。授業の内容や生徒の伸長度、学ぶ環境の充実度等が評価されてのことでした。

この結果は教育界に大きなインパクトを与えました。

同ランキングの評価指標に、「教育成果の評判調査」という項目があります。単純に言うと、企業の人事担当者がその大学に対して抱いているイメージを評価したもので、その大学は、採用する側（企業）から見て質の高い学生を送り出してくれる大学か否かという点を見る指標です。

２０２０年度、東北大はこの項目における得票率が大幅に伸び、それが東大を押し退け、日本一となる原動力となりました。

実はここにも、総合型選抜が見え隠れしています。

以下は10年ほど前に、実際に聞いたエピソードです。

東北大学の工学部に江刺正喜先生という方がいらっしゃいます。教授としては

２０１３年に定年退職、現在は世界的研究者として、ＭＥＭＳという微細加工技術によるデバイスの研究を率いていらっしゃる先生です。

江刺先生は教授時代からいわゆる産学連携を推進されており、世界的にも注目の人物でした。それだけに江刺研究室への入室希望者は引きも切りませんでしたが、実際に先生の研究に参加できたのは、その多くが総合型選抜で入学した学生だったとのこと。

発想の飛躍が欠かせない世界最先端の研究室で活躍する人財は、既に10年以上も前から、偏差値で選抜された学生ではなくなっていたのです。

成績評価２・７でも グローバル大学に入学できたわけ

さらにはグローバル教育をセールスポイントとする大学では、入試の総合型選抜化は目を見張るほどのものとなっています。

講義を英語で行うなど国際化教育に熱心で、１００％に近い就職率で知られる秋田県にある国際教養大学では、１７５名の定員に対して16種類もの入試方法を用意、多彩な人財が入学できうる体制を取っています。

これは加速するグローバル化の中、入学試験の点数や偏差値偏重の選抜では世界に伍していく人財の育成はできない。ダイバーシティ化はもう必須のものであるという、同大学の明確な教育観の表れでしょう。


この大学の入試では、実は私も驚くような経験をしました。

日本の教育事情にあまり適応できず、成績としてはかなり苦戦している帰国子女の男子高校生がいました。確か評定平均は5段階評価で当初２・７程度だったと記憶しています。帰国子女ではあったものの、それほど英語を得意としていたわけではありませんでした。そんな彼が、当時開催された国際教養大学によるスーパー・イングリッシュ・ワークショップに参加したのです。

本人は、決して要領のいいタイプではなかったのですが、いつもニコニコとしていてその場を明るくするような、そんな生徒でした。別の言い方をすれば、ひょうきんでちょっとしたお調子者、でもどこか憎めない、そんな印象です。

この年、偶然にも同大学の故・中嶋嶺雄学長（当時）が参加されていたのですが、彼が楽しげに学んでいる様子に感じるものがあったのか、「きみ、うちの大学を受けてごらん！　このプログラムで学んだことをきみの言葉で書けばいいんだ」と励ましてくださり、彼は同校のＡＯ入試（当時）を受験しました。

同大学が設立された初年度は倍率が50倍を超えるほどの狭き門だった最難関レベル大学ですから、彼が合格する可能性については一般的に見てかなり厳しいと捉えられても仕方がなかったと思います。

ところが、大方の予想を裏切り、彼は見事に合格しました。

総合型選抜では、合格理由を一般入試のように点数や偏差値という数値で表すことはできません。ですが私は、彼の中にある天然の魅力を中嶋先生が見抜かれ声をかけてくださったことに、実は勝機を感じていました。「国際教養大学は、彼のような人財を求めているかもしれない」、そう感じた私は、怯まずに絶対に受験した方がいいと強く勧めました。もちろん本人も相当に努力しました。アカデミックな英語表現を身につけようと、毎日のように英字新聞を音読しながらノートに書き写していました。「青木さん、ほら今日もこんなに書いたよ。だんだんと英語の表現が身についてている感じがするよ」と笑いながら見せてくれた彼のノートの文字はお世辞にも綺麗と言えるものではありませんでしたが、本人の純粋で前向きなエネルギーを感じました。

そんな彼のポテンシャルに光を当て、声をかけてくださった中嶋先生の一言が、奇跡の合格を導いたすべての始まりだったと、今でも確信しています。

コロナ禍が日本の入試制度を一変させる

さて、昨今の社会情勢も入試の総合評価化を後押しするものになっているように感じます。

このコロナ禍で、冬の受験をどうすべきか、これまでのようには実施できなくなる可能性がささやかれています。

真冬の、密閉された教室に、数百人単位で学生を集めての入学試験はまさに三密。感染リスクに他なりません。入試でのクラスター発生は、大学としては当然避けなければなりません。

その対策として、ここに来て活動報告やエッセイ提出による合否決定という受験スタイル、すなわち総合評価による合格判定がにわかに脚光を浴びているのです。

コロナ禍は世界史にも刻まれるような大災難ではありますが、こと日本の教育システムの改革に関しては、千載一遇のチャンスになるかもしれません。

この国には確かに、明治維新の昔から、時代が大きく変わらないと自分自身も変われないという国民性があります。コロナ禍が、岩盤のように存在する日本の偏差値主義に風穴を開け、ホリスティック・レビューを推し進める可能性を秘めていると言ったら、言いすぎでしょうか？

いずれにしても、今後、日本の大学受験が偏差値偏重から総合評価へ変化、すなわち総合型選抜へと舵を切ることは確実です。これまでの教育体制では、日本経済そのものが立ちゆかなくなるという懸念が、日本中に満ちあふれているからです。

総合型選抜は、時代に合わない偏差値教育から脱却し、これまで分断されていた教育の現場と実社会との連動を生みだし、先行きの見えない時代においてもたくましく生き抜ける人財を育むためのソリューションとして存在するしくみです。

幸いにも昨今では、社会の変化に対応すべく、入学者選抜や教育のあり方が大きく変わることが世間でも注目され、総合型選抜に関する報道も増えています。しかし残念ながら、それらの情報の中に決定的に抜け落ちてしまっている要素があります。

それは、**「親」の存在です。**

私は、これまで数多くの総合型選抜の受験生と出会ってきた経験から、こうした総合評価で重視される非認知スキルのような目には見えない子どもの個性や資質を見出し、伸ばすカギを握る存在は、常にご家庭であり親御さんであったことを強く実感しています。

かの福澤諭吉は、「一家は習慣の学校なり、父母は習慣の教師なり。而《しこう》してこの習慣の学校は、教授の学校よりも更に有力にして、実効を奏すること極めて切実なるものなり」と言いました（『福澤文集 巻之二』松口榮造蔵版より）。

次章以降、新しい教育や選抜制度に対して、親として認識すべき視点や実際の関わり方について、さらに深めたいと思います。

第2章

新時代入試、
親の知恵が
合否を決める!

2021年度入試が今後の入試と就活の分水嶺に

2020年は、多くの業界がコロナ禍による影響を受けた年でしたが、こと教育界における抜本的なモデルチェンジは、非常に大きな衝撃だったと言えるでしょう。公教育である学校も民間の塾・予備校も、すべからくオンラインによる遠隔授業や映像授業の導入が急がれ、全国の先生方や教育関係者がその対応に奔走しました。

大学環境に至っては、政府からの休校要請によりキャンパスが完全に閉鎖され、学生たちが数カ月間にわたり自宅からパソコンやタブレットで講義を受けることとなりました。新学期スタートのタイミングによるこうした事態に対し、「せっかく大変な受験を乗り越えて入学したのに、大学の環境を利用することもできず、さらには全く友人ができない……」という新入生たちの悲痛な声も多く聞こえてきました。

さらにこれからの喫緊の課題としてあるのは、何千何万もの受験生が同じ時間、同じ場所に集まり、数時間にわたりペーパーテストを受けるという形式による大学入学者選抜です。

既に、2020年度の入試においては、万が一コロナに感染し自宅待機を余儀なくされても、各大学が入試の日程を複数回設定することにより受験機会を担保しました。また、長期間の休校措置によって高校の授業の進捗に差が生じていることを考慮し、試験範囲を高校2年までの範囲に絞ったり、高校3年の範囲が関わる設問に関してはある程度の注釈を入れたりするなどの対応も行われたようです。

いずれにしても、講義のあり方、学内での友人や指導者とのコミュニケーション、入学者選抜の方法など、これまでは当たり前に存在し、不変だと思われていたものが全く姿を変えようとしています。

イギリスの非常時科学諮問委員会（SAGE）のジョン・エドモンズ氏が英国議会で、「われわれは永久的にこのウイルスと生きていかなければならない」（2020年10月21日ロイター）という見解を明らかにしましたが、こうした大きな変化の先にある教育環境や選抜形式とは、一体どのようなものになっていくのでしょうか？

このことを考える際のヒントとなる知見が、コロナ禍における企業の採用活動のあり方です。

メンバーシップ型から ジョブ型に変化する企業の採用

コロナウイルスの大流行で急速に普及した仕事のリモートワーク化。

企業や職種、地域によって普及率に差はあるものの、かなり一般化してきましたし、今後の状況によってはさらに浸透していくことが考えられます。少なくともコロナ禍以前の働き方には、もう戻らないのではないでしょうか。

こうした働き方の変化が、人財の採用にも大きな影響を与えています。

「組織とは、社員がオフィスにいなければ動かないものではなく、たとえ在宅でも、それぞれがそれぞれの役割をきちんと果たしさえすれば機能する――」

日本企業の大前提だった、会社が社員の育成まで面倒を見るような新卒一括採用による終身雇用制度では、同じ会社に居続けさえすれば確実に給与が上がり、社員側には安定した生活が送れるメリットがありました。また、企業側にとっては、それにより社員の離職が防げるという効果もあります。しかし、こうしたスキームでは、人財が持つ専門性や特化したスキルは、なかなか磨かれません。一律と一斉を旨とする「メンバーシップ型雇用」では、そうした個の人間の特化した能力を発掘したり、活用したりすることはなかなか難しいわけです。

奇しくもコロナ禍でそれが明白になったことで、企業側の採用形式の考え方が、一括採用して各人に仕事を割り当てていく「メンバーシップ型雇用」から、今必要な仕事に対して必要な人財を採用していく、「ジョブ型雇用」へと変化し始めているのです。

つまり、これからの時代は、学生が自らの専門性や資質を理解し、それを企業や社会でどのように活かせるのかを明確にしておく必要があります。

別の見方をすれば「いい大学に入れば、希望する企業への就職ができる」ということが定石にはならないということです。

「学校歴はないが、学歴はある」

「必要な能力を持った人財を、必要に応じて採用する」というジョブ型雇用への変化は、就活をする学生側に、「あなたは大学でどんなことを学んできたのか？」「あなたにはどんな強みや専門性があるのか？」を問うものになります。

同時に、これまでの、「私は偏差値75で東大に入学しました」とか、「早稲田大学出身です」など大学ブランドにおぶさった就活は、急速に意味をなさないものになっていきます。ジョブ型雇用をする企業側にとっては、**大学の名前よりも、何を学び、どんな専門性を持っているかの方が重要**だからです。

こうした「何を学んだか？」が問われる時代を目の当たりにしますと、思い出されるのが、以前Twitterで目にした落語家の故・立川談志師匠の言葉です。

「自分には学校歴はないが学歴はある。落語学だったら早稲田や東大のように学校歴が高いやつを集めてきても負けやしない――」

談志師匠は16歳で高校を中退し、五代目柳家小さん師匠に弟子入りしたそうです。「学校歴」を比べたら、早稲田卒や東大卒にはかないません。ですが16歳から落語の世界に身を置き続けてきたことで、落語が何たるかを身をもって学んできた。これこそが本当の「学びの歴史＝学歴」であって、「学校歴」ばかり立派な人でも、こと落語に関しては自分にはかなわない、そういう意味であろうと思います。

そしてこのような考え方は、実はこれからの若い世代の人たちの価値観に通じるものがあるように感じます。

とあるネットニュースで、慶應義塾大学湘南藤沢キャンパス（以下慶應ＳＦＣ）の総合型選抜の1次審査を突破した高校生の記事を読みました。

ご存じかもしれませんが、同大学による総合型選抜は難関中の難関です。書類による選考が1次審査ですが、これをクリアすることは本当に至難のわざです。ところがこの高校生は、2次審査を放棄。放棄して何をしたかというと、大学進学はせずに起業したといいます。

このことは、今の学生の考え方を象徴する例のように思えます。

大学に行かずとも自分のやりたいことを優先してダイレクトに実社会とつながる道を選択した方が幸せ、そう考える人たちがさらに増えていくのかもしれません。

なぜならば、コロナ禍により大学の真価について疑問符がつく時代になっているからです。実際に立命館大学では、学部生のおよそ1割が退学を視野に入れていることが大学独自の調査により判明しています。経済不況の中で、親の収入が減り、学生自らもアルバイトができずに経済的な見通しが立てられないということが大きな理由のようですが、大学に期待していた付加価値が十分に得られない状況への不満や不安もあるのではないでしょうか。アメリカでは、キャンパスが立ち入り禁止となった上に講義はオンラインのみという実態は〝高額な学費に釣り合わない〟と、多くの大学が学生から集団訴訟を起こされているそうです。

大学の価値についてその根本が問い直されている状況は、一体何を示しているのでしょう。それは、繰り返しになりますが、「学校歴」をベースにした「社会で成功するにはいい大学に行った方が有利」という考え方がますます適用されなくなるということではないでしょうか。

ただ一つ、確実に言えることがあります。

それは、大学に進学しようがしまいが、これからの時代に誰にとっても必要となるものは真の意味での「学歴」を身につけることです。

慶應義塾大学への合格のチャンスを自ら放棄し起業した高校生の事例が示す通り、本当の意味での「学歴」があれば、それが自分のキャリアを支える何よりの土台となるのです。

この「学歴」を、今の教育用語に言い換えたものが、実は「ポートフォリオ」です。

自らの「ポートフォリオ」を丁寧に作成できるようになると、今後ジョブ型に移行する企業の採用活動にも結果として非常に有利に働くのではないかと思われます。

ここからは、「ポートフォリオ」とは何か？　その本質について、深めていきます。

評価されるポートフォリオとは？

本来、人間の成長は、テストの点数や偏差値だけでは測れません。学校行事やボランティア、海外経験など、中高生一人ひとりの日々の営みの中には、テストで問うことのできない成長の過程がさまざまにあります。

- 部活
- 委員会
- 学校行事
- リーダーなどの経験
- スポーツ歴
- 留学経験
- コンクール歴

- これまでの習い事
- 特技・技能
- 語学資格
- 旅行の経験
- 地域活動
- 趣味や収集コレクション
- 海外在住経験
- ボランティア経験
- これまで出会った人

などなど、学内、学外での経験はもちろん、日常のささやかな出来事さえも刺激となり、それにより変化をしながら過ごしているはずです。

そうした自分自身の行動や経験そのものを記録し、振り返ることで、ペーパーテストだけでは判断できない能力や資質を炙り出すことができます。そのためのツールがまさに「ポートフォリオ」です。

もうお気づきかと思いますが、総合型選抜においては、まず真っ先に着手すべきはこのポートフォリオ作成です。

自分のこれまでを振り返り、そこに意味を見出すことは、たとえば提出書類における活動報告書を作成する際に必須のことです。さらに、ポートフォリオ作成の習慣があると、自分の日常の行動をより深く丁寧に掘り起こせるようになります。それにより「そもそも自分の興味や関心は何だろう？　強みや弱みは何だろう？　自分は一体何をやりたいんだろう？」といった、キャリアを主体的にイメージすることに自ずとつながっていくのです。

さらに言うと、まずは自分の行動を記録し続けることで、自己の人生を主体的に捉えることができるようになり、その結果、明らかに行動の質が向上することもポートフォリオを作成する意義です。

ところが、このポートフォリオに関しては多くの誤解があることも事実です。

その代表的な誤解が、自らの経験や体験の価値を、「規模」や「受賞歴」といった非常に表面的な部分にのみ求めてしまうといった根強い思い込みです。

もちろん「吹奏楽部で全国大会に出場、金賞を受賞しました」とか「サッカーでユース代表に選ばれました」など、誰もが到達することが難しい実績を伴った経験は誇るべきことです。ですが、そうした実績がポートフォリオの本質ではありません。あくまでも、**「プロセス」と「ストーリー」が重要**です。逆に言えば、いくら実績があっても、そこに至るまでのプロセスや自分自身のストーリーが見えなければ、ポートフォリオとしては全く魅力的なものではなくなってしまいます。

選手としては超有望であった高校球児が難関大学の総合型選抜にまさかの不合格、といった記事が話題になったこともありました。ことの真相はわかりませんが、もしかしたら、こうしたポートフォリオを本当の意味で深めることなく出願に至ってしまったのかもしれない、そんなふうにも感じます。

〝特別な経験〟でなくてもいい

では、ポートフォリオに必要な「プロセス」と「ストーリー」とはどのようなものなのでしょうか？

たとえば、「昭和歌謡が大好きで、その知識は誰にも負けないが、それはお父さんが聴いていたレコードから影響を受けたから――」。

そんな、親子間の素朴な要素からポートフォリオを作成した例があります。昭和歌謡からそうした音楽が流行った時代背景に関心が展開し、そこから当時の世相や世情などを社会学や心理学的に分析したときに、流行を生み出す背景として政治や国際情勢などがあるのではないか？　そんなふうに大学での研究テーマに発展していったのです。

自分が根っから好きで関心があるものだからこそ、一枚一枚のレコードのジャケットや歌の歌詞などを自分なりの視点でまとめあげることができたのだと思いますし、結果として、大学側にも分析し、研究する対象として可能性のあるものだとアピールすることができたのでしょう。

これまでも、生徒会長をやったこと、あるいは海外に留学したことをポートフォリオにまとめたいと言ってきた高校生はたくさんいました。

最初は、「生徒会長の経験を大学生活やその後の社会人生活にどう活かすの？」、あるいは留学した生徒に、「留学から何を学び、それをどう今後につなげていくの？」と尋ねても、返答に困るか、決まり切った答えしか出てきません。ところが、根気強く深め続けると、非常に面白い視点やその子にしかない実感のようなものがだんだんと姿を現します。そして、この作業を根気強く丁寧にやり続けていくと、驚くほど例外なく一人ひとりの子どもたちの全く異なるストーリーが出来上がるのです。

自分の経験を自分なりの言葉で振り返り、自分の未来にまで展開することを習慣化していくと、思わぬチャンスが訪れる事例をご紹介します。

早稲田の政経学部にＡＯ入試、すなわち総合型選抜で入学した学生Ａくんの話です。同大学には学生用に独自のポートフォリオ・ツールがあります。自分のプロフィールを記入し活動歴を入力すると、早稲田に関心を寄せている海外の大学や企業が見てくれるというものです。このシステムは学生すべてに開放されているものですが、ほとんどの早稲田大学生はこのシステムを使っていないそうです。

一方、総合型選抜で同大学に入学したＡくんは、受験を通してポートフォリオを作成することが習慣になっていました。

それで、「せっかくあるんだから活用しよう」と、大学のレポートから研究プロジェクトの成果まで、せっせと入力していきました。そうしたらAくんのポートフォリオを見た企業から直接アプローチが入り、大学1年、それも入学半年で大手商社に就職が内定したというのです。

日常の喜怒哀楽が
ポートフォリオを分厚くしていく

身も蓋もない言い方になるかもしれませんが、「受験があるから」とか「就活のために」といった動機からは、自分らしく実のあるポートフォリオは作成されないように思います。

なぜならば、**真のポートフォリオは「常時観測」をしてこそ作られていく**ものだからです。「常時観測」とは、一時点もしくは一時期ではなく、自分を観測することを常時続けて、自分のストーリーを自覚的に捉える行為のことです。

　だからこそ、日常の自分の中にある「喜怒哀楽」に耳を傾けることがとても重要になります。人間の行為行動の裏には、心の変化がつきものです。日々発生するさまざまなことに対し、感動したり面白がったり、時には落ち込んだり泣いたり、絶えず心を動かしながら生活しています。ポートフォリオのベースにあるものは、そういう心の動きです。ですが、こうした心の動きは川の流れのようで、決して一箇所に止まっていてはくれません。

　ですから、毎日の暮らしの中で、嬉しかったことや悲しかったことなど、**そのときどう感じ、何を考えたのかを親子の中で言葉にして共有する**行為は、実はポートフォリオを作成する上で非常に意味があります。

「ポートフォリオを作るために、自分にこれまでに起きたことを書き出してください。そのとき自分が何を感じ、どう変化したかもなるべく具体的に書いてください。また、親御さんは親御さんの視点で構いませんので、お子さんについて同様に書き出してみてください」と言うと、多くの場合本人である子ども以上に親の方がわが子のプロセスを事細かに書き出します。

「あのときをきっかけに、あなたはこれを好きになったのよ」とか「このときの落ち込みようは大変だったけれど、それをきっかけに強くなったよね」など、子ども本人が忘れてしまったような、今の本人をひもとくカギとなるエピソードも、実は親の記憶から思い出されることがしばしばあります。それは、子どもの喜怒哀楽、心の動きに絶えず寄り添う最大の存在が親だからなのだと思います。

つまり、親はわが子にとって最大の「常時観測」装置なのです。

ポートフォリオの代筆は百害あって一利なし

とはいえ、こうした親の存在が、わが子にとってマイナスに働いてしまうケースもあります。

その典型的なものが「子どものことは、自分の方がよく理解している」という思い込みです。こんなふうに思ってしまっている親は、ポートフォリオなど、活動報告書や志望理由書まで子どもに代わって代筆してしまうことがあります。

当たり前ですが、本人がしたためたものでなければ意味がない。大人からの無用な入れ知恵はもちろん、代筆なんてとんでもないことです。

総合型選抜では、ほとんどの場合「面接試験」がつきものです。この面接の場で一番問われる要素が「なりすまし」です。つまり、ポートフォリオしかり、志望理由書などの提出書類しかり、「本当に本人が書いたものであるのか？」ということです。

面接試験の時間は大体15分程度。大学によっては30分にわたることもあります。面接官は最低でも2～3人いますから、延べ30分から90分にわたって一人の生徒と真剣に向き合うことになります。

つまり、誰かの代筆による「なりすまし」は、見抜かれる確率が非常に高いのです。

こんなケースがありました。

Bくんはテニスが好きで、高校生活はテニスに打ち込んで過ごしました。そうした経験をポートフォリオにし、それは素晴らしい出来でしたが、面接官である教授はその出来に疑問を持ち、こう聞いてきたそうです。「きみはテニスしかしてきていないんでしょう？　このポートフォリオ、すごくよくできているけれど、きみ、自分で作っていないよね？」

実際、自分で作ったものなのでＢくんが「いえ、自分が全部作りました」と答えたところ、教授から「じゃあ、大学で何をどう学びたいか時間をあげるから説明してごらん。ちなみに何分必要？」と聞かれたそうです。

自分で書いていなければ、「うっ！」と絶句してしまうような場面ですよね。

でも、ポートフォリオはまぎれもなくＢくんがしたためたものでしたから、「７分もいただければ興味を持った経緯から卒業後の構想まで説明できます」と答え、縷々《るる》説明したそうです。

最初は腕を組み、不信の面持ちで聞いていた教授も、最後には「きみが自分の頭で考えてきたということがよくわかったよ」と共感と賛辞の中、教授の人格が一変したかのような感じで面接が終わったそうです。

ここまでストレートに代筆を疑われることは稀かもしれませんが、もしこれが本当に誰かが代筆した書類で通過した場合の面接だったら、こうはならなかったでしょう。

このように、総合型選抜では自分のメッセージを自分で作り上げるということがすべての面で重要で、これには結局のところ、自分の経験をとことん深め、煮詰めていくことが欠かせません。親はその際の心強い「伴走者」ではあっても、本人の代わりにコースを走る「走者」にはなりえないのです。

難関大入学の優等生が就活で失敗するわけ

わが子を何とか合格させたい一心で自ら代筆してしまう親の心理は、「難関大学への合格」という一点に過ぎない現象を成果のすべてだと捉えてしまうことにあるのかもしれません。さらに言うと、トライアル＆エラーの中で得られるものよりも、効率的に最短距離で結果を手にしたい、という価値観もあるように感じます。

確かに、「正解」が定まっているような知識を問う選抜であれば、効率や成果が重要なのだと思いますが、その考え方は総合型選抜にはあまり適用されません。

総合型選抜を受ける際などにポートフォリオを作成する上でとても重要なことは、実は「行動すること」です。その行動が、たとえ失敗だったとしてもそこから何を得たのかを明確にすればいいのです。ですが、親が「失敗」について「取り返しのつかないこと」として捉え、成果に対して最短で進むことが重要だと認識していると、子どもはエラーや回り道を恐れて挑戦や試行錯誤を避けるようになります。つまり、新しいことをしなくなるのです。

誰もがうらやむ有名大学に入学したのに就活に失敗する学生の傾向としても、「難関大学に合格した」といういっときの成功体験で止まってしまっていることが一つの原因のようにも感じます。新しいことに挑戦し、そこから自分を深めていくことをストップしてしまっているのです。

数年前に、失敗に寛容でない日本の風土を赤裸々に示すものとして、『ニューズウィーク』誌の「世界一『チャレンジしない』日本の20代」という記事が話題になりました。この根拠となったのは、各国の研究者が調査した「世界価値観調査」です。縦軸に「冒険や刺激のある生活は大切だ」という指標を、横軸に「クリエイティブであることは大切だ」という指標を置いて示されたグラフは、右上にあるほどそれぞれの肯定率が高いことを示し、左下にあるほど低いことが示されています。その座標上に世界59カ国の国別の平均値を配置すると、圧倒的に左下に位置しているのが日本なのです。

この結果は、途上国や社会的な規制が厳しい旧共産圏の国以上に日本の若者が萎縮している現状を表すものと言えます。

この記事で特に印象的だったのは、若者の「クリエイティブ志向」や「冒険志向」に水を差しているのは、実は日本企業の責任もあるのではないかという指摘です。

採用するときには、「クリエイティブでチャレンジングな人財がほしい」と謳いつつ、斬新な企画を提案したり、会議や商談の場でイニシアチブを取ろうとしたりする若手社員を、「生意気だ」と言って排除する風潮があるというのです。

耳の痛い話ですが、こうした日本企業の傾向は確かに存在するのではないでしょうか。私は、企業によるこうした「タテマエと本音の乖離《かいり》」は、実はかなり深刻な問題なのではないかと感じています。だからこそ、わが子に対する親のメッセージが非常に重要なのだと思います。

以前私が民間教育の現場にいたとき、一人の中学3年生の男子が父親に連れられて塾の見学に来ました。学習方法やＡＯ・推薦入試（当時）のカリキュラムなどについて諸々の説明をしていく中で、将来の夢や目標について話題が展開していきました。

そこで私は、

「将来はどんな人になりたいの？」

と聞くと、この中学生は、

「僕はお父さんみたいに会社に入って人生を終えたくない。もっと自分にしかできないことをやってみたい」

と、父親の前できっぱりと言い切るのです。

私がどう返答しようかちょっと焦っていると、隣にいた父親がすかさずこう言いました。

「確かに、会社という場は自分の思い通りにいかないし、むしろ自分がよいとは思わないこともやらなければならない場合もあるよ。ただし、その中でお父さんが学べたことや成長できたこともたくさんあった。だけど今は時代が違う。お前が生きる未来は、お父さんの時代のルールが通用しなくなる可能性が高いだろう。だからお前がそう言うのもよくわかるよ」

親子の価値観の差による些細なやりとりだったのかもしれませんが、私はこの父親の率直な言葉に感じるものがありました。

「世間知らずだ」と子ども扱いすることなく、わが子を一人の人間として認め、対等に接している姿をそこに見たからだと思います。

とかく教育の現場でのキャリア指導は、「兎にも角にも夢を持つことが一番大事」と主張するだけの表面的でバーチャルな価値観か、反対に、「現実的には偏差値の高い大学への進学がリスクの少ない安全な生き方」という変なリアリズムによる可能性の搾取かに振れがちです。

実社会に厳然と存在する不条理や現実を共有しつつ、本人の存在をあるがまま受け入れるというレセプターとしての役割は、実は、保護者の方こそが果たせるのではないでしょうか。

そうした家族の中から生まれる安心感こそが、子どもたちが失敗を恐れずに、むしろ生き生きと行動する原動力になるのではないかと思います。

「過去脳」でなく「未来脳」でわが子を見よ

子どもの背中を押し、可能性に光を当てる親に共通するのが「過去脳」でなく、「未来脳」でわが子を見ているということです。

未来脳でわが子を見ることができる保護者とは、**失敗は未来を豊かにするための貴重な財産と見ることができる保護者**のことを言います。

過去脳でわが子に接する親は、わが子を「自分よりも未熟な存在」として捉えるがあまり、親自身と子どもを比較したり、過去にあったことを持ち出したりするなどして、現状の子どもの欠点や弱さにフォーカスしすぎる傾向があります。子どもを心配する気持ちから生じることだと思いますが、こうした親からのメッセージを受けながら育った子どもは、自分から何かをやってみることをしなくなります。つまり、ポートフォリオのもととなる経験や行動が蓄積されにくくなってしまうのです。

では、「未来脳」で子どもと接するためにはどのようにしたらよいのでしょう？

それは、目の前の子どもを過去や今で捉えず「未来の姿」として見つめ、あくまでもその姿と接するのです。つまり、**子どもがあたかも今「あるべき姿」でいるかのように接する**ということです。

「（困難や大変なときを想定して）あなたなら必ずこうすると思うよ」

「（未知への挑戦を前にしたとき）きっとあなたはこういうことが得意だと思うよ」

「（失敗や挫折に対して）これはあなたが挑戦したからこそ味わえるものだね。そこから何が学べたと思う？」

「ピグマリオン効果」としてよく知られていますが、人の成長を後押しするのは「他者からの期待」によるものが大きいという心理的な側面があります。わが子のたくましさや可能性を信じる親による掛け値なしの期待が、まさに未来脳に通じるものなのだと思います。

受験生よ、アーティストであれ

２０２０年10月、早稲田大学の須賀副総長と慶應ＳＦＣ環境情報学部の脇田学部長をお呼びしてオンラインセミナーを開催しました。

その際、理想の入試についてお聞きすると、須賀副総長は「評価をしない入試」、ＳＦＣの脇田学部長も、「入試をしない」が理想だとおっしゃったのです。

早慶という日本を代表する両私大のリーダーであるお二人の言葉から、「これからの大学入試において画一的な評価での選抜は機能しなくなるだろう」という強いメッセージを感じました。

私の経験による実感ではありますが、総合型選抜の指導をする中で多くの中高生に感じていたことは、まるでベルトコンベアーで大量に生産されたかのような受験生たちが、あたかも一点モノの価値あるアート作品のような人財に変化していくようだということです。

誤解を恐れずに言えば、「自分という唯一無二の作品」を創造するアーティストになることが、これからの入試の本質になるのではないかと思います。

通常、アーティストという言葉から連想されるものは、自身の才能を活かして創造活動を行う彫刻家や画家、音楽家のようなイメージでしょうか。多くの場合その前提には、特別な才能を有している非凡な人財という印象があると思います。そしてこうした才能は、一般的な受験システムの中では特に必要とされてきませんでした。ペーパーテストの「問題」に対して、素早い判断で「正解」を解答欄に書き記すという受験のルールに適応するためには、アーティストのような独自性を追い求めることではなく、既に体系化されている知識のインプットとアウトプットというトレーニングが主流だったからです。

ですが、環境が絶えず変化し、これまで以上の危機的状況やリスクを抱える社会において「絶対的な正解」という概念自体が通用しないであろうことは誰の目から見ても明らかです。

深く静かに潜行するSTEAM教育

こうした考え方の背景を把握するために、世界的な人財育成に関する潮流についても触れておきたいと思います。

そのキーワードは「STEAM教育」です。

Science（科学）、Technology（技術）、Engineering（工学）、Art（芸術）、Mathematics（数学）の5つの領域を表す単語の頭文字を組み合わせた言葉ですが、もともとは「A」が抜けた「STEM教育」と呼ばれ、科学技術分野における国際競争力を強固にするために、特にオバマ政権時からアメリカで推進された教育指針です。Artの領域は後から付加されましたが、今では「STEAM人財」の育成を国家戦略とする動きが世界中に広がっています。

私は、後から「A」＝Artが加わった、というところに、この「STEAM教育」について捉えるべき点があるように思います。そもそも、「S・T・E・M」に該当する、サイエンスやテクノロジー、工学の分野は、物事の法則を見出したり、定量的に捉えたり、誰もが使いやすい製品を作成したりするための領域です。そのためには誰もが理解できるような論理的な説明と分析が求められます。

ところが、「Ａ」を担うアート領域は、全く逆の性質です。アートの目的は、万人に理解してもらうことにはありません。「世界をこんなふうに解釈したらどうだろう……？」という作り手側の主観や感性が源になるからです。

つまり、客観的なロジックをもとにするサイエンスと、主観的な感性をもとにするアートを融合した人財育成観が「ＳＴＥＡＭ教育」であるわけです。

ＭＩＴメディアラボの副所長を務め「ＳＴＥＭにArtを入れるべき」と主張したグラフィックデザイナーのジョン・マエダ氏が描いた、あるイラストがあります。それは、「ＳＴＥＭ」と書かれた植物の茎の先に、「ＩＤＥＡ」と書かれた電球が花のように灯っているという絵です。ＩＤＥＡは、Intuition（直感）、Design（デザイン）、Emotion（感情）、Art（芸術）を表しています。ジョン・マエダ氏は、次のように言っています。

「サイエンスとテクノロジーが20世紀の世界経済を変えたように、アートとデザインは、21世紀の世界経済を変える」

日本では、ＳＴＥＡＭ教育の一環として小学校でプログラミング教育が必修になります。これにより、新しい教育マーケットができたとばかりに民間の各塾でもプログラミングの授業を導入しているようです。新しい教育が始まることへの親の不安や期待などもあり、確かに必要なサービスなのかもしれませんが、本当の「ＳＴＥＡＭ教育」とは果たしてそういうことなのでしょうか？

ジョン・マエダ氏の指摘の通り、本来のＳＴＥＡＭ人財の育成には、「サイエンスとアートの融合」が欠かせません。プログラミングの方法論をいくら教えても、人間のクリエイティビティを支えるアートの領域を耕せる保証はないのです。

長年にわたり総合型選抜の指導に携わってきた私が思うのは、サイエンスに通ずるロジカルと、アートに通ずるセンスは、相互に関わり合う思考としてあくまでも同時進行的に鍛えるべき資質だということです。

たとえば、総合型選抜において、中高生がそれぞれに深めていく自らの研究テーマや職業観は、ほとんどの場合、始めは彼らが持っている感性に頼ることになります。まさに「喜怒哀楽」や「好き嫌い」のような感情的で感覚的な部分を出発点にして、それらを、まずは言葉にしていくことから始まるのです。

●こんなことに熱中できる
●幼い頃から憧れているものがある
●あんなことが好き（あるいは嫌い）
●嬉しくて喜ばしく誇れる経験がある
●理不尽で悔しい経験や大きな失敗をしたことがある

そして、それらを実際に言葉にしていくと、さまざまな矛盾や軋轢《あつれき》に遭遇することになります。

●好きなことはあるけれど、これって大学で研究できることなの？

●知りたいことはあるけれど、それを解明したところで実社会に何の意味があるの？
●関心のあるビジネスモデルがあるけれど、だったら大学に行かずに自分で起業すればいいのでは？

……などなど。

つまり、「あくまでも自分の感性をもとにしながら実社会と健全につながり、自分らしく生きていくにはどうしたらいいのか？」。総合型選抜への挑戦は、こうした葛藤への挑戦と本質的には同じなのです。

この認識に立ったとき、必然的に必須となる能力が、まさに「非認知スキル」です。

第3章

新時代入試突破のカギは「非認知スキル」にあり

「非認知スキル」とは何か？

非認知スキルについては、最近になって教育や研修などの人財育成の分野においてとても注目されるようになってきました。非認知スキルとはペーパーテストやＩＱ試験などでは測ることができない、想像力や好奇心、コミュニケーション能力や他者と協働する姿勢など、人間の個性や性格のような要素まで含んだ数値化することが難しい資質のことを指します。

実社会を幸せに豊かに生きるためには、偏差値やＩＱ以上に、この非認知スキルの方がより関連するという海外の研究データなどもあります。

私自身の経験からも、総合型選抜に挑戦する多くの中高生を見たときに、合格する人財には共通の要素があることを感覚的に認識してきました。それが、まさに非認知スキルなのですが、実は、こうした能力について私が所属する日本アクティブラーニング協会（Japan Active Learning Association：通称ＪＡＬＡ）では、国内外の専門家らの協力も得ながら長年にわたり独自に調査・研究を進めており、「THE 25 SOFT SKILLS」として体系化しています。

88ページをご覧ください。

一読されればわかる通り、「THE 25 SOFT SKILLS」の各要素は測定しにくいものばかりです。学力とは違い、売っている問題集を解いていけば身につくというものでもありません。

偏差値とは異なり、非常に摑みどころのない新しい指標だと感じられる方がほとんどだと思いますが、本章では、こうした非認知スキルが受験や実社会においてどのように作用するのかについて、考えていきたいと思います。

THE 25 SOFT SKILLS

Insightfulness（洞察力）	表面的な視点にとどまらず本質を見抜く力がある
Perspective（多角的な視点）	視点や次元を変えた物事へのとらえ方がある
Curiosity（好奇心）	新しい情報や出来事に対する好奇心がある
Social Intelligence（社会的な知）	社会のルールを基盤とした常識的な考え方ができる
Imagination（想像力）	自分が経験したことがない事象に対する想像力がある
Enthusiasm（熱意）	他者の心を動かす情熱がある
Presence（存在感）	自立した個を感じさせる頼もしさがある
Humor（ユーモア）	ユーモアのセンスがある
Articulation（豊かな表現力）	説得力のある明確な意思表示ができる
Sound Judgement（判断力）	その場で起きたことに対する適切な打ち返しができる
Bravery（勇敢さ）	果断なる精神と勇気に満ちている
Dedication to Learning（向学心）	真摯に学ぶ姿勢がある
Willpower（自制心）	状況に応じて自己抑制できる
Perseverance（根気強さ）	何らかの結果が出るまで行動し続ける力がある
Belief（確信）	誇りと自信を持って物事に対処できる
Teamwork（チームワーク）	チームで物事を解決する力がある
Reflection（修正力）	他者からの指摘を素直に受け止めてすぐに行動を変える
Honesty（正直さ）	実直に物事を表明できる
Gratitude（感謝の心）	起きている事象に対し感謝の気持ちがある
Generosity（包容力）	他者を許容し包み込む力がある
Tolerance（寛容さ）	忍耐をもって他者を受け入れることができる
Progressiveness（推進力）	あるべき姿に向かって一歩前へ踏み出す力がある
Empathy（共感力）	他者の痛みや喜びを感じ取ることができる
Encouragement（他を奮い立たせる力）	自ら他者に働きかけ活性化する
Respect for your Roots（絆）	自分が置かれている環境に対する敬意と感謝がある

今後100年、世界のビジネスはSDGsが基準となる

総合評価型の入試や教育を考えるとき、非認知スキルと並んで欠かせないキーワードとなるものがＳＤＧｓです。

非認知スキルというキーワードからいきなり話題が飛ぶように感じられるかもしれません。ですが、ＳＤＧｓも非認知スキルも、どちらも今後の社会において必須の要素です。そして、両者が本来は非常に関連しているという理解に乏しいことが、日本での教育改革がなかなか推進されない原因のような気がします。

既にご存じの方も多いとは思いますが、ＳＤＧｓとは「Sustainable Development Goals（持続可能な開発目標）」の略称で、国連加盟の１９３カ国が、２０１６年から２０３０年までの15年間に達成すべきとされている目標のことを言います。発展途上国支援から、経済成長や働き方のあり方、環境問題まで17項目あり、そのすべてに

おいて、「地球上の誰一人取り残さない（leave no one behind）」というスローガンのもと、全世界が達成すべき１６９の具体的ターゲットが設定されています。

たとえば項目8の「働きがいも経済成長も」でしたら、目指すべきターゲットは「すべての人のための持続的、包摂的かつ持続可能な経済成長、生産的な完全雇用及び働きがいのある人間らしい雇用（ディーセント・ワーク）を推進する」となっていて、「各国の状況に応じて一人当たりの経済成長率を持続させる。特に後発発展途上国は少なくとも年率7％の成長率を保つ」など、具体的な数値目標が定められているのです。ＳＤＧｓとして挙げられている項目すべてが世界的な課題であり、どのゴールも簡単には達成できないようなものばかりです。

ですが、だからこそ、持続可能な社会の実現に向けて、国や自治体だけでなく、民間企業までもが取り組む必然が生まれました。そして、企業が果たすべき社会的責任であるＣＳＲ（Corporate Social Responsibility）という観点を超えて、ＳＤＧｓを推進すること自体が企業ブランドの向上や新規事業の開拓など、新たなビジネスチャンスの創出にもつながるという認識にまで広がりを見せています。

世界中が合意したＳＤＧｓですが、実は規則や罰則のようなものがありません。

別の見方をすれば、目標となる17の課題があり、成し遂げるべき169の具体的ターゲットが設定されてはいるものの、そのために「こうしなくてはいけませんよ」とか「これをしてはダメですよ」というような枠組みや規範は存在しないということです。

私は、ここにSDGsの本質があり、一方で日本人にとっての難しさがあるように思います。

なぜなら今後、世界のビジネスが日本も含む193カ国が批准したSDGsに軸足を移していくことは明らかですが、パターンを当てはめ正解を模倣することを柱としてきた日本の教育では、「自由に考えて主体的に取り組みなさい」ということがもっとも苦手だからです。

リベラルアーツが
ＳＤＧｓ達成を支える土台に

「物事を自在に捉える」ようになるために必要な教養として存在し、最近の大学教育でも改めて見直されているものが「リベラルアーツ」です。

日本では教養教育と訳し「幅広く多様な学問領域を学ぶこと」とされていますが、専門的に一つの学問を究めることの対照として認識されていることが多いようです。また大学に入学すると、まずは教養課程で幅広く学んでからその上で専門教育に進むという流れもあり、あたかも専門教育を受ける前の準備期間に学ぶ基礎科目というような位置付けです。

ですが、リベラルアーツの起源である古代ギリシアまで遡ると、もともとは「束縛から解放され人間として自由に生きるための素養」とされています。人間を解放するために存在した古代ギリシアの「リベラルアーツ」は、まさに「自由七科」と呼ばれ、文法、修辞、弁証、算術、幾何、天文、音楽で構成されていました。文系も理系も芸術もすべてを対等に学び、サイエンスもアートも融合されていました。

「自由七科」の対極にあるのが受験勉強

ところが、教育全体の大きな方向性を決定づける大学受験において「受験科目」という概念は、リベラルアーツの真逆を推進するものになっていきました。

一般にはあまり知られていないことかもしれませんが、日本の大学教育の歴史において、かつて、専門教育を推進するがあまりに「教養教育の衰退」を招いたという危機的な状況がありました。

ごく最近まで、多くの大学が「役に立つ人財」を輩出することを重視するがあまり教養教育を削減し、いかに早くスペシャリストを育成できるかに偏ってしまっていたのです。大学側も私立文系は英語・国語・地理歴史、私立理系は英語・数学・理科というように、文系と理系で受験科目を分け、科目を絞り込み、受験生の獲得を優先する動きすらありました。これにより、一般受験において指定された受験科目しか学ばない高校生がいかに増えたことか。

ですが、受験を乗り切るためにいわゆる受験科目だけを限定的に学習して、それで合格したとして、それ以外の知識は全くないという人間が、果たして複雑で多様な現代社会を生き抜けるのでしょうか？　まして、ＳＤＧｓの達成に向けてはあらゆる分野や領域を横断しながら、新しい解決の道筋を見出していくことが求められますから、受験科目に縛られるような勉強をすればするほど、自在さが失われていくのではないかとさえ感じます。

専門性を極めることは決して悪いことではありませんが、**「それしか知らない」という状態になってしまえば、ある意味においては「不自由」**なことでしょう。

今の社会は一見すると自由で、物質的にも豊かであるにもかかわらず、多くの人が生きづらさを感じているのは、そうした大学教育や受験システムの構造が起因しているのかもしれません。

随分と遠回りの解説となってしまいましたが、つまり、本来の意味でのリベラルアーツ的な学びを習得することは、実社会の中で生き抜くために外界に惑わされることなく、自分の中にある慧眼で世界を自分なりに解釈する力を鍛えることです。

そしてこの姿勢こそが、SDGsに向けてもっとも必要なことであり、さらに「非認知スキル」を伸ばすことにつながっていきます。

SDGs思考の貧しさは、「研究テーマ」を定める際に露わに

世の中で起きていることを自分なりに解釈する行為とは、つまり物事を「自分ごと」として捉える行為です。ですが、総合型選抜に挑戦すると、この「自分ごと」にすることが、思った以上に難しいという現実に直面します。

総合型選抜において、必須となる書類の一つが「志望理由書」です。ここには、自分が大学入学後にどんなテーマで研究を進めていくのか、さらにそこで得た学びを大学卒業後の職業においてどう活かすのかまで書いていきます。

つまり、**「未来のあるべき姿」から逆算して「今やるべきこと」を考えるバック**

キャスティング思考が欠かせません。

実はこの思考法は、総合型選抜にかかわらずＳＤＧｓに取り組む際にも通ずるものです。実際に、世の中でＳＤＧｓが話題にされ始めてから、このバックキャスティング思考について、とても盛んに取り上げられるようになっています。

なぜならば、誰も正解を持っていないＳＤＧｓの解決策について考える際、現状に囚われることのないバックキャスティング思考を用いると、従来のやり方に囚われない自在な発想や飛躍的なアイデアが生まれやすいというメリットがあるからです。

一方で残念なことに、ＳＤＧｓに対する日本の取り組みを振り返ると、それほど芳しくないようです。ＳＤＳＮ（持続可能な開発ソリューション・ネットワーク）が発表したＳＤＧｓ達成度ランキングの推移を見ると、日本は、２０１７年では11位だったものの、２０１８年は15位に後退、２０１９年も15位で変わらず。さらに、２０２０年の評価では、なんと17位となってしまい、年々後退している感が否めません。

なぜ、大きく前進することができないままなのでしょうか？

これは、私の推論ではありますが、総合型選抜の指導で生じる課題を振り返ったとき、日本のＳＤＧｓが足踏み状態に陥ってしまう原因が何となく腑に落ちるのです。

先に述べた通り、総合型選抜は自分が理想とする「あるべき姿」を描く、まさにバックキャスティング思考の入試です。この入試では、あるべき社会に向けた仮説をたて、自らの職業観を形成しながら、その実現に向けて必要となる研究テーマを設定し志望理由書に表していきます。

〝地域を活性化させるために、将来は行政に携わりたい。そのために地方自治を学びたい。〟

〝フードロスを解決するために、将来はシェアリングサービスを立ち上げたい。そのためにマーケティングを学びたい。〟

など、もっともらしい将来像や研究テーマはさまざまに描けます。

ところが、これでは一番重要なことが抜け落ちてしまっています。

それは、**「その問題を、なぜ、〝あなた〟がやらなくてはならないのか？」に対する必然です。**

それらしいテーマやキーワード、専門用語がいくら並べられていても、「自分にとっての必然」がすっぽり抜けている志望理由書はまるで「絵に描いた餅」なのです。

逆に言えば、自分の中にある問題意識が自らのどんな経験や出会いから生まれたのかが具体的で、実社会で解決したい課題と非常に密接に結びついていることがマイストーリーとして明快になっている志望理由書は、非常に力強いものがあります。

そうした生徒は、書類通過後の面接や小論文などにおいても一貫したメッセージが発信できるため、結果として合格する可能性も高くなりますし、何よりも大学入学後に志望理由書に描いた未来を本当に実現させているケースが多く見受けられるのです。

つまり、「自己理解」があった上でのバックキャスティング思考が、その実現性を高めているのではないかと思うのです。

一番重要なことは「あなたとは何者であるのか?」であり、そうした自己理解のためのコンパスとなる指標が、実は「非認知スキル」でもあるのです。

本書をお買い上げいただき、誠にありがとうございました。
質問にお答えいただけたら幸いです。

◎ご購入いただいた本のタイトルをご記入ください。

『　　　　　　　　　　　　　　　　　　　　　　　　　』

★著者へのメッセージ、または本書のご感想をお書きください。

●本書をお求めになった動機は？

①著者が好きだから　②タイトルにひかれて　③テーマにひかれて
④カバーにひかれて　⑤帯のコピーにひかれて　⑥新聞で見て
⑦インターネットで知って　⑧売れてるから／話題だから
⑨役に立ちそうだから

生年月日	西暦　　　年　　月　　日（　　歳）男・女			
ご職業	①学生	②教員・研究職	③公務員	④農林漁業
	⑤専門・技術職	⑥自由業	⑦自営業	⑧会社役員
	⑨会社員	⑩専業主夫・主婦	⑪パート・アルバイト	
	⑫無職	⑬その他（		）

このハガキは差出有効期間を過ぎても料金受取人払でお送りいただけます
ご記入いただきました個人情報については、許可なく他の目的で使用することはありません。ご協力ありがとうございました。

郵 便 は が き

料金受取人払郵便

代々木局承認

1938

差出有効期間
2022年10月4日
まで

1 5 1 8 7 9 0

203

東京都渋谷区千駄ヶ谷 4-9-7

（株）幻 冬 舎

書籍編集部宛

1518790203

ご住所　〒

都・道
府・県

フリガナ

お名前

メール

インターネットでも回答を受け付けております
https://www.gentosha.co.jp/e/

裏面のご感想を広告等、書籍の PR に使わせていただく場合がございます。

幻冬舎より、著者に関する新しいお知らせ・小社および関連会社、広告主からのご案内を送付することがあります。不要の場合は右の欄にレ印をご記入ください。

不要 □

総合型選抜の合否と「非認知スキル」の関係

「非認知スキル」は、あくまでも外側からは見えにくい、人財に潜在する個性やアイデンティティのようなものです。

私が所属する日本アクティブラーニング協会では、これまで長年にわたり実施してきた研修事業や教育事業の中から見えてきたことを、大学や企業など専門家チームの協力を仰ぎながら、より厳密に精査できるよう分析して、各個人の非認知スキルを可視化するための診断システムも開発しています。その一環で、総合型選抜の合否に関して非認知スキル領域が、果たしてどのくらい相関するのかを調査したことがあります。

具体的には、早稲田大学や慶應義塾大学などの総合型選抜を始めとする特別入試に出願した受験生に対し、一人ひとりの活動実績や海外経験、模試の偏差値、英語資格などを認知領域としてポイント化し、さらにＪＡＬＡによる「THE 25 SOFT

SKILLS」の非認知スキルスコアも一人ひとり計測しました。その上で、総合型選抜における合格者と不合格者では、どの領域でどのくらい差が出るのかを解析したのです。

つまり、合格者と不合格者の差が大きければ大きいほど、合格に貢献している領域であることがわかるはずです。

結果、圧倒的な差になったのは活動実績でも模試の偏差値でもなく「THE 25 SOFT SKILLS」による非認知スキル領域でした。非認知スキルが高い人の方が、実社会において経済的にも精神的にも豊かであるという報告が存在することは先に述べた通りですが、それは総合型選抜による入学者にも当てはまります。

実際に、旧帝国大学の一つである東北大学では、総合型選抜で入学した学生が、総長賞を受賞するなど、入学後の成績が上位に入ることが確認されています。早稲田大学は、本当の意味で伸びる人財の採用に向けて、総合型選抜による入学者を全体の60%にまで高めることを宣言しています。

また「THE 25 SOFT SKILLS」の中でも総合型選抜合格者に共通して強く表れる項目があることもわかりました。それが次の5つです。

〔合格者に共通する5つの指標〕

- Insightfulness（洞察力）
- Perspective（多角的な視点）
- Social Intelligence（社会的な知）
- Humor（ユーモア）
- Sound Judgement（判断力）

ちなみにこの5つの項目は、企業や組織における、いわゆるハイパフォーマーにも共通して強く表れることがわかっています。

大学受験にもその後の社会生活にも双方に通ずるこうした非認知スキルを伸ばすためには、一体どのようなトレーニングが効果的なのでしょうか？

非認知スキル獲得の第一歩は「自分自身を知る」にあり

東京大学との実証研究では、非認知スキルを刺激することで学習者の学力、いわゆる認知スキルにまで影響を及ぼすというデータもあります。詳しい実証のプロセスは割愛しますが、非認知スキルが表出すると学習教材に対する接触回数や辞書で調べる頻度が劇的に増えるなど、学習者の行動プロセスに具体的な変化が起き、それが認知能力向上に影響を及ぼすようです。

こうしたメカニズムについて、私もこれまでの経験から心当たりがあります。

以前、私が総合型選抜を担当したある生徒は、幼い頃から宇宙に強い関心があり、いつか宇宙に行きたいという夢がありました。ですので、自然と理工系への進学を希望するようになり、高校で選択した科目は受験科目の物理と化学。理工系大学の一般受験において配点が低いことを理由に完全に後回しにした結果、英語への強い苦手意識が生まれてしまった生徒でした。

ところが、総合型選抜対策を通して宇宙への関心を深めていくうちに、宇宙環境で生活するためには、どうやら食物の栽培が大きな課題になるらしいということに気がつきます。しかも、宇宙で植物を栽培するためには、重力を感知するある遺伝子がカギになることがわかってきました。そこで彼は、ゲノム分野の最新の知見に触れるべく科学専門誌『Nature』の論文を読むようになります。受験科目でなかった生物は学校で選択していなかったので、かなり大変だったと思います。しかも、論文は英語であったため、結果として英語の勉強も同時に行うことになりました。このように、**自分の興味を探究し続けた結果、学ぶ領域がじわじわと広がっていった**のです。

そして、これらすべての経緯が「宇宙について学びたい」という自らの必然を大学に対して証明することになり、見事に合格しました。

他にも、経済に興味があり、それを自分なりに追求した結果、プログラミングに挑戦するようになった生徒や、医療への関心から絵画や音楽の可能性に目覚めた生徒など、総合型選抜対策をきっかけに、受験科目に縛られない全く異なる分野や領域に対して飛び込んでいくようになった事例は挙げればきりがありません。

つまり、総合型選抜の際に必然的に問われる「自分がやりたいことは何なのか？」といった自己理解を突き詰めていくことで、好奇心や向学心などの非認知スキルが刺激され、実際の学習行動にまで影響するというわけです。

親は最強のトレーナー

「非認知スキル」とは、人財固有の特性を示すものですが、まさに目には見えないこうした資質を見出すことができる一番の心眼を有している存在は、本来は親であると思います。

「非認知スキル」を見出す際にもっとも重要なことは、本人の「ありのままの姿」をまっすぐに捉えることです。また、それを伸ばす際の動力源は、「相手に対する期待」です。その両方を有している唯一無二の存在は、紛れもなく保護者の方々です。

総合型選抜のための指導は、一人ひとりの受験生に対し一期一会の姿勢で接することが求められます。前年はこの研究テーマのネタで合格したとか、誰かのポートフォリオを真似するとかいうことは全く通用しません。

ところが、とかく指導経験による実績が蓄積されていけばいくほど、その経験が邪魔をして、目の前の受験生が持つポテンシャルを見えなくさせてしまうことがあるのです。私自身もそんなジレンマに陥ることがありましたが、実はこのフィルターを取り払ってくれるものが、保護者の方の子どもに対する深い洞察でした。

- 子どもが大切にしていること
- 影響を受けたことや変化したきっかけ
- わかりにくいけれど、本来持っている気質や性質

本人に関するさまざまなバックボーンと、その一つひとつに対する保護者の方から見えるものは、豊富な指導歴を持っている講師以上のものがあります。

さらに今は、自宅が大学入試の試験会場になる時代です。コロナの感染拡大を避ける狙いから、各大学が入学者選抜をオンラインで実施しようとする流れがあるのです。

これは、ご家庭の環境がダイレクトに入試に直結する時代になることを意味しています。

オンライン入試の決め手も非認知スキル

２０２０年、さまざまな大学が総合型選抜などの入学者選抜をオンラインによる形式に切り替える動きを続々発表しました。

私学の雄・早稲田大学のある学部では試験会場での小論文を一切やめて、オンラインによる口頭試問で代替しました。オンラインで試験課題を送り、学生はそれに対する解答を自宅で作成し、期限内に返信するという大学もありました。さらに、私学のもう一方の雄・慶應義塾大学ＳＦＣの総合型選抜（夏入試）では、動画提出により面接試験の代替としました。面接は一切行わず、書類の提出と同時に、志望理由や自己アピール、入学後の研究計画などを3分間の動画にまとめてデータを送るのです。それを面接代わりにして最終合格者を決めました。

中でも特に目立つ変化は、総合型選抜の最終関門と言われる面接試験をオンライン実施に移行したことです。

もちろん、コロナ禍によるクラスター発生を防ぐための策ではありましたが、特に面接など人と人とのやりとりの間にデジタルが入ると、その場の雰囲気といったアナログ的なものでフォローすることがぐんと難しくなっていきます。その人が日常で本当に考えていること、つまり思考の流れや価値観がより露わになるのです。そして、オンライン面接は、自宅というプライベートな環境で受けることがほとんどです。

つまり、オンラインの世界の方が、取り繕うことのできない真の日常のあり方がよりダイレクトに表れやすくなるのかもしれません。これは、面接のための台本を作り、その言葉を一言一句暗記するような訓練では決して育まれないでしょう。

つまり、偏差値を伸ばすトレーニングではなく、「THE 25 SOFT SKILLS」のような非認知スキルをご家庭の中においても鍛える必要があります。

非認知スキルは鍛えることができる！

では、その場にふさわしい最適な振る舞いと、状況を展開させるような当意即妙な対話を生み出す瞬発的な即応力は、一体どのように鍛えることができるのでしょうか？

実は、コロナ禍以前から、面接の場でよく問われている質問があります。

「あなたはこの面接をどういった場にしたいですか？」というものです。

最初にこう問うことで、試験官とのやりとりを単なる質疑応答のようなQ＆Aに終始させずに、「この面接という場を、どう〝あなた色〟に染められるか」という能動的な力を試しているわけです。早稲田大学のデジタルでのコミュニケーションも、慶應SFCの動画によるプレゼンテーションも、突き詰めて考えれば「場を作れる人財か否か」を見る試みと言えるでしょう。

言い換えると、**自分から場を作れる人財であるということは、物事を「自分ごと」として捉えられる人財であるということ**です。これは、先に述べたSDGsを解決するための人財に必要な資質とも重なります。

つまり、「どんなこと、何が起きても自分が当事者として向き合い、表現しようとする」ことが、そのためのトレーニングの出発点となります。

第1章の38ページでも触れましたが、総合型選抜や企業の入社試験で実際に問われるようないわゆる「正解のない問い」に対して自分なりにどう解答するのかが、まさにこれにあたります。試しにぜひ次の問題に親子で挑戦してみてください。

問題
1

次の問いに答えよ。　制限時間5分

以下は、7歳の子どもと母親の会話です。

子ども:「どうして、勉強しなければいけないの?」

母　　:「勉強すれば魔法使いになれるのよ」

子ども:「えっ！　魔法使いになれるってどういうこと?」

上記の会話に続く母親の言葉を、120字以内で書きなさい。

解答
1

問題
2

次の問いに答えよ。　制限時間5分

人生でもっとも辛い年齢は、47.2歳である。

これは、米国のダートマス大学の経済学者、デイヴィッド・ブランチフラワー教授が、世界132カ国から約50万人のデータを分析して算出したものです。

この統計結果を見たあなたは、真逆の概念として「人生でもっとも幸福な年齢」を自分なりに考えてみました。

左記の解答欄にあなたが考えた年齢を記入し、多くの人が納得する理由を120字以内で書きなさい。

解答
2

人生でもっとも幸福な年齢は、［　　　　］歳である。

5分という制限がある中で、どんな解答をされましたか？日常とはかけ離れた、常識はずれの設問と感じられた方、思うような解答ができなかったと思われた方も多いかもしれません。最初から斬新なアイデア、目を見張る内容を書ける人などいませんのでご心配なく！

とはいえ、どんな解答であっても一人ひとりの独自の世界観から生まれたもの。親なりの視点、子どもなりの視点、それぞれオリジナルの世界観がじわりと滲み出ます。もちろんどの解答が正解でどの解答が不正解というマルバツもありません。自分の解答とは全く異なる解答に触れたとき、違う立場であればあるほど、「こんな考え方もあるのか！」とか「なるほど、こんなふうに話題を展開させることもできるな！」など、別解から学べることがあるのです。

そんなふうに、さまざまな種類の「正解のない問題」を解き続けていくと、多様な視点や価値観に刺激を受けながら、みるみるうちにその人独自の内容に進化していく点が面白いところであり「非認知スキル」を鍛えるための重要なポイントでもあります。

非認知スキルを鍛え、直観を研ぎ澄ます「円盤型教材」

私たち日本アクティブラーニング協会では、こうした非認知スキルを鍛え、ＳＤＧｓに貢献できる人財を育成するためのトレーニングメソッドとして前項で紹介したような「正解のない問題」を開発し企業や教育機関に提供しています。

問題という言葉から参考書や試験用紙のような印象をお持ちになるかもしれませんが、実際は21センチほどの円盤型の用紙に問題が示され、解答もそこに書き込むようになっているため、通称「円盤型教材」と呼んだりもします。ちなみに円盤型教材の片面は日本語で、もう片面が英語と、2言語対応となっているため、こうした「正解のない問題」に対して英語を使ってトレーニングすることもできます。プログラムを受けた方が常に「見たことがない初めての問題」に取り組めるよう、問題は絶えず作問されており、その数は既に５００種類以上にのぼります。どの問題も日常とは全く領域が違うものばかりですが、社会の諸問題を始め、さまざまな分野領域が複合的に

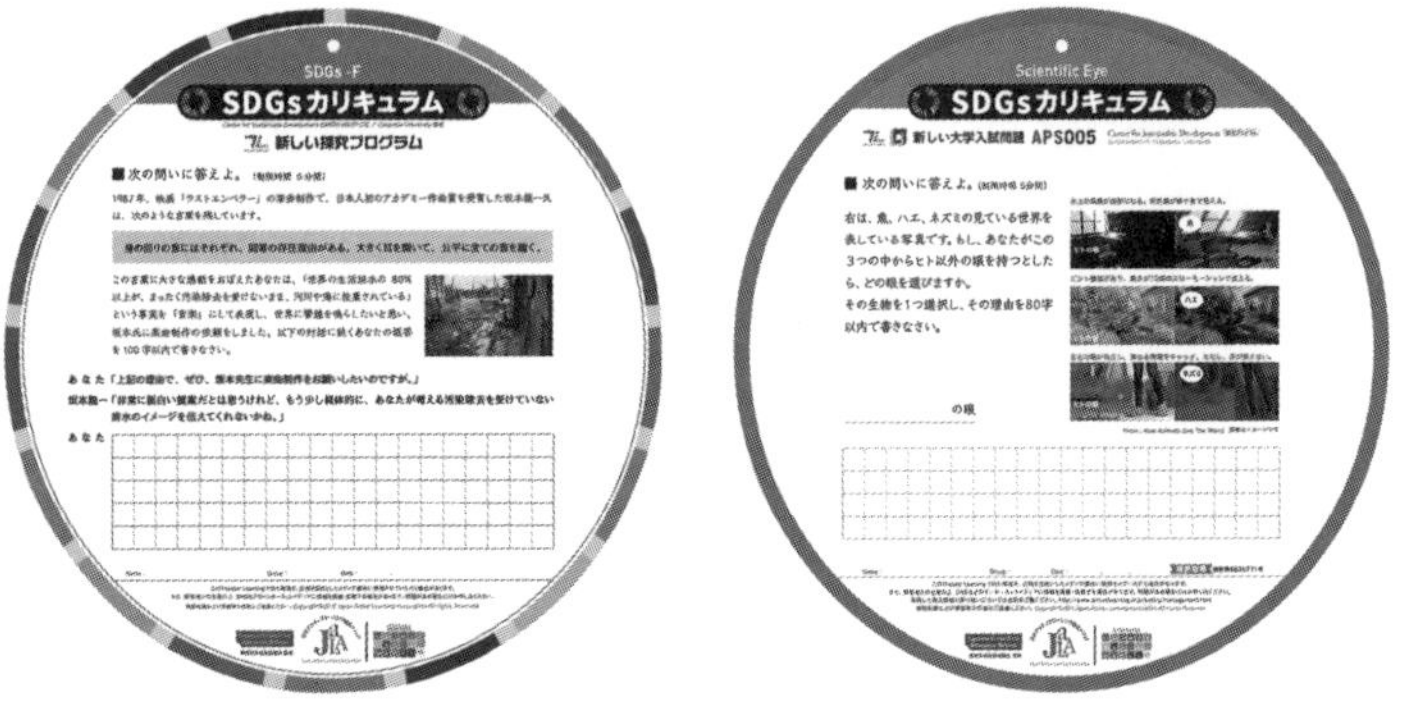

日本アクティブラーニング協会オリジナルの「円盤型教材」

網羅されています。

アウトプット、すなわち解答方法も多様で、100字前後の記述式もあれば、詩や俳句を書かせるもの、絵を描かせるものまであります。とにかく一般的な「問題と解答」という概念からは想像できないようなインプットとアウトプットが求められ、実際のプログラム受講者からは「今まで経験したことのないような脳の使い方をした！」という感想をいただくことも多くあります。

通常のプログラムは20～30名程度で行われますが、これを4～5名で1グループにして、

❶ まずは、５分で円盤の設問に個人で答える「個人アンサー・タイム」

↓

❷ 次に、自分の答えを一旦忘れて、グループ全員で新しい解答、全く違う答えを導き出す「グループアンサー・タイム」

↓

❸ さらに、❶の個人解答を参加者全員の前で読み上げる「プレゼンテーション・タイム」

↓

❹ 最後に、❸で共有された他者の解答の中からもっとも自分の心に響いた解答に参加者全員で投票し、そこでもっとも票を獲得した人をＭＶＰとして表彰

という流れで行います。

❷のグループアンサー・タイムでは、仲間と協力して個人では出せなかった全く新

しい解答を生み出すことに挑戦し、❸のプレゼンテーション・タイムでは自分の解答を読み上げることで自らをストレートに表現する訓練になります。さらに❹で投票することを踏まえて他者のプレゼンテーションも傾聴するため「この人ってこんなふうに考える人なんだ」「確かにこんなアプローチもあるな」という気づきが得られ、人の心を動かすメッセージの本質やものの見方の多様性について各自の認識に自ずと落とし込むことができます。

実際に❹の投票によってＭＶＰになるのは必ずしも毎回同じ人ではなく、ゲーム好きだからこその面白い発想や、一途にスポーツに打ち込んでいる実感から生まれた感動的な解答など、その都度、多様な人に光が当たります。

いずれにしても、本プログラムではこれを年間最大24～36回やりますから、参加者が20～30名もいれば、１０００通りぐらいの別解に触れることになり、これはもう、１０００通りの方法で非認知スキルを刺激することそのものになるのです。

円盤型教材は無意識にある「直観力」を刺激する

　この円盤型教材の大きな特徴の一つに、どの問題も5分という制限時間内に解答しなくてはならない点があります。当然、ネットや本で調べることもじっくりと時間をかけて解答を作り込むこともできません。結果として、自分の中にあるすべてを総動員してほとんど無我夢中で取り組むことになるのです。

　実際、この円盤問題にトライしている高校生たちに、特に❶の段階のときに「この5分間ってどんな感じなの？」と聞くと、「一心不乱のあまり覚えていない」と答える人が少なくありません。

　試験にトライするときのようにロジカルに考えて答えているわけではなく、自分の中にある時期や時間、場所もバラバラにインプットされたものを、直観をフル稼働して集め、答えている感じがするそうで、「自分の中に何層もあって、生まれてからこれまでの深層心理まで呼び覚まさないといけない5分間だった」とか、「この解答を作ったのは自分ではなく、自分を超えた誰かが自分に語らせている感覚だった」などと語ってくれた生徒もいたほどです。

共通するのは、どの言葉もいずれも「無意識の力」というものを表現した言葉だろうということです。

どんな人の人生にも、困難な課題に直面するような場面があるものです。進学もそうかもしれませんし、恋愛もそうかもしれません。長じて経営者となり、右を選ぶか左を選ぶかで社運が大きく変わるような場面に出会うかもしれません。

そんなときに働き、あるべき未来へと導く力こそが、無意識であり、いわゆる「直観力」だと思います。

観音様の〝観〟の字の方を用いた「直観力」という点が、実は、非常に重要です。般若心経の冒頭は、〝観自在〟という言葉から始まりますが、「直観力」とはまさに、「自在に物事を観る力」です。

ある現象を一面で捉えるのではなく、自分の中にある深いところで本質的に認識できれば、自分について、あるいは自分の人生について、本当の意味でのよい選択や決断に至れるようになるのではと思います。

円盤型教材のトレーニングを繰り返していくと、自分の中にある「直観」に自らでアクセスしながら解答をアウトプットしている……そんな感覚になるのでしょう。

偶然をも味方にしていく

直観力のような非認知スキルを訓練しながら総合型選抜で合格していく生徒の様子を振り返ったとき、もう一つ不思議な共通点があることに気づかされます。

それは、彼らが何となく「運」というか「ツキ」のようなものを持っているという感じがするのです。

「リサーチを進めようと本屋に行ったら、自分が志望する大学・学部の教授が書いた書籍で調べたい内容にピッタリのものがあった！」とか、「大学入学後は●●教授の研究室に入りたいと希望していたが、面接試験の担当者がまさにその教授だった！」などという声を、本当によく耳にします。そして、こうした偶発的な現象がまさに彼らの合格の決め手になったりするのです。

こうした主張をすると、偶然に頼るような姿勢で本当に大丈夫なの？　と訝しがられそうですが、そういうことではありません。

スタンフォード大学で提唱された「プランド・ハプンスタンス・セオリー」をご存じでしょうか？　この理論によると、実際に大きな成功を収めた人たちのキャリアを分析すると彼らのキャリアを形成したきっかけとなっていた要素は、予め緻密にプランした人生設計によるものよりも、偶然がもたらした出来事による要素の方が圧倒的に多かったというのです。

逆に言えば、他愛のない事象のように見える出来事を過小評価したり受け流したりすることなく、そうした偶然性が持つ役割について積極的に意味づけしていける人の方が、緻密な計画や段取りに沿って生きている人よりも成功しやすいということです。

つまり、一見すると偶発的でちょっとした想定外の中で起きたことを常日頃から自分の中にいかに取り込み続けていけるかが、先の事例にあったような「できすぎでしょう？」と驚かれるようなラッキーを引き寄せるのです。

もちろん、予め計画を立てずに無為無策のまま過ごすということを推奨したいのではありません。たとえば総合型選抜のプロセスで、取材をしたりフィールドワークを行ったりする際、一連のアクションを進めるにあたり、最初に目的を設定し計画を作成することはあると思います。

ですが、物事は自分が予想した通りに進まないことがほとんどです。そのような状況こそが、実は自分の人生にとって大きなチャンスになることを認識して柔軟に行動を変えていけば、強運を手繰《たぐ》り寄せることができるのではないでしょうか。

もっと言うと、実は自分が起こすアクションの積み重ねは、「偶発性を起こすためである」と捉えることもできます。

では、「偶然を上手に活用する力」も立派な実力だとするならば、これまたどのように鍛えられるのでしょうか？

シアターラーニングで気づきをもたらす

ここで、日本アクティブラーニング協会で実施している「シアターラーニング」と言われる人財開発研修での実際のワークを紹介したいと思います。研修プログラムですので、参加者は入試を前にした高校生の場合もあれば、発想力を磨きたいビジネスパーソンの場合もありますが、参加にあたっては全受講者共通の約束ごとがあります。それは、「この場の主役は他ならぬ参加者自身であること」、そして「プレゼンすることで何が起きたとしても、それをＹＥＳと肯定して受け入れて前に進むこと」です。これを参加者全員に約束してもらうのです。

実際に行われているシアターラーニングでのワークの一つに、チャップリンの名作映画『街の灯』を使ったものがあります。90年前の１９３１年製作の無声映画ですから、高校生はもちろん、企業研修の参加者でも知っている人は稀ですが、ストーリーを簡単にまとめるとこんな感じです。

チャップリン扮する浮浪者が盲目の花売り娘に一目惚れ。目が見えない娘は、貧しい身なりのチャップリンを億万長者であると誤解しています。

チャップリンはこの貧しい花売り娘に何とか目の手術を受けさせたい。それで金を工面するために八百長のボクシング試合に出場してみたり、その結果、警官につかまったりと孤軍奮闘するのです。

刑務所から出所したある日、二人は街で再会します。娘はチャップリンが工面した１０００ドルで手術を受けて視力を取り戻していますが、目の前の浮浪者が、自分のために億万長者を演じていた恩人であるとは気づきません。

娘は浮浪者への哀れみから一輪のバラの花と小銭を手渡し、握手をします。

その瞬間、この浮浪者こそが恩人であると気づく――。

シアターラーニングでは、参加者に映画のプロデューサーになってもらい、世界的ヒット作品にするにはどうしたらいいかをその場で考え、参加者の前で実際にプレゼンテーションしてもらいます。

プレゼンターはその場で、何の前触れもなく指名されます。プレゼンテーションを聴く聴衆、すなわち参加者は数十人のこともありますし、状況によっては１００人を超えることもあります。そうした大勢の聴衆が耳をすませて待ち構える非常にプレッシャーのかかる中、舞台に上がりプレゼンするのです。

ここからがシアターラーニングの真骨頂なのですが、プレゼンターの発表が終わると聴衆は、聞き手としてどのくらい自分の心が動いたのかを拍手の強さや大きさで表明しなくてはなりません。多くの場合、学校や職場単位での参加ですから、日常的にお互いに知り合いである場合がほとんどです。また初対面の相手であっても、面と向かって相手の必死のプレゼンを拍手で評価しなくてはならないとなると、どうしても義理や同情が発生します。

これを封じるために、プレゼンターには後ろを向いてもらうのです。こうすることで誰が拍手をしてくれたか、あるいは拍手しなかったかをわからなくするのです。「同僚だし、拍手しなくちゃ悪い」とか、「拍手しないと友情が壊れる」などなどの忖度がなくなりますから、みんな本音で拍手をします。斬新な発想や心打たれるプレゼンテーションには万雷の拍手が送られますが、このようなワークでそのようなプレゼンテーションは本当に稀です。多くの場合ほんのパチパチ程度だったり、全く拍手をもらえずプレゼンターがシーンとした舞台で立ち尽くすというケースもありました。

万雷の拍手でも拍手ゼロでも、ともにすごいインパクトがありますが、同時に、失敗や困難、自分にとっては不都合なことであったとしても、それを受け入れ自分にとってどんな意味があるのかを認識するためには信じられないほどの効果を発揮します。

名門進学校のある女子高校生が初めて参加した際、彼女のプレゼンテーションに拍手が湧きませんでした。内容的には間違いは全くない。ユーモアもなければ発想のキレもなく、平々凡々に終始したプレゼンであったことが原因です。シーンとした数分間が終わると、女子高校生は大泣きしてしまいました。ですが、プログラム終了後に彼女はこう話してくれました。

「自分は失敗を恐れてばかりいて、用意されたことや先の状況がわかっていることでないと、すぐ不安になって何もできなくなる。単に勉強ができるだけでは自分の人生を本当の意味で豊かなものにはできない。今日の挫折はそのことを実感させてくれた。これからはいろんなことに自分から挑戦してたくさん失敗して、起きたことをもっと前向きに活かせる自分になりたい」と。

実はこの研修は、中高校生が対象の場合には保護者の方にも参加いただくことがあります。この女子高校生の父親も参加され、こうしたわが子の一部始終をご覧になっていました。そして一言、「わが子に欠けていたものがわかった。それは親の過保護が原因だったのかもしれないな」と、おっしゃったのが印象的でした。

世界を席巻するコロナ禍の中、入試のあり方が姿を変え続けています。

どんなふうに変わるか、どんな課題が課されるのか、誰にも予測できないところがあることは否定できません。そして、それは実社会でも同様です。

そうした予想不可能だった場面においても、起きたことをよい悪いや一喜一憂で終わらせず、自分にとって意味のあることとして主体的に捉え、即行動を変えていける人財は、たくましく、そして清々しく自分の人生を生きられることでしょう。

そうしたあり方が生み出す現象が、運やツキの強さのように見えるのかもしれません。

そして、こうした姿は、ご家庭の中でこそ育まれます。次章からは、具体的な事例もまじえ、受験を通して親と子が幸せに成長するためのヒントや考え方をお伝えしたいと思います。

第4章

家庭で磨く、
わが子の
非認知スキル

福井県はなぜ教育レベルが高いのか？

非認知スキルの重要性を説明してきましたが、まさに非認知スキルを育む最大の環境が家庭です。その際にヒントとなりそうなのが、北陸の福井県でしょう。

文部科学省では、毎年、全国の小学6年生と中学3年生を対象に、「全国学力・学習状況調査」というものを行っています。この調査において、福井県の子どもの平均正答率は全国平均レベルを大きく上回り、2019年度の同調査では小中学生とも国語が2位。中学生は英語で1位と、都道府県ランキングで常に上位に位置していることが知られています。

子どもの運動能力を測る「全国体力テスト」でも一目おかれる存在で、2019年度の調査では、小学生（5年生）が男女とも全国1位に、中学生（2年生）でも女子が1位、男子が2位と、全国トップレベルを誇っています。

人口では首都圏に遠く及ばず、塾や大学の数も少ないこの北陸の県で、どうしてこうした結果が出せるのでしょうか？

実は、福井県は県別の「幸福度ランキング」においてもトップ常連県です。幸福度を測る指標はとてもたくさんあるのですが、その中に、２０１８年から示されるようになった「ライフステージ別の幸福度」があります。福井県はこの指標で、「就学から20代までの青少年」と、「現役のシルバー世代」の幸福度が、共に1位とのこと。つまり、若い世代及び年配世代の幸福度の高さが、県全体の幸福度を押し上げているそうです。

ある専門家は、福井県の幸福度の高さは、祖父母とその子ども夫婦、さらには孫といった、三世代同居率が圧倒的に高いことに相関していると指摘しています。実際に、祖父母・父母・その子どもが１つ屋根の下に住む、「三世代同居率」の高さにおいて同県は17・6％と、山形県の21・5％に続いて全国2位。全国平均の７・１％と比べても、2・5倍近く高いのです（平成22年国勢調査より）。確かに、夫婦だけの育児ではおぼつかない状況のとき、同居する祖父母がいると、安心できるはずです。

核家族世帯では、子育てのために特に女性の労働が制限されてしまう傾向があります。今回のコロナ禍でも、保育園・幼稚園に預けられなくなったり、休校措置のため学校に通えなかったりする子を持つ母親の「働きたいのに働けない」という悩みが浮き彫りになりました。三世代で同居している方は、子育てへの支援を受けやすいため、そうしたジレンマに陥るリスクも軽減されることでしょう。家にはおじいちゃんやおばあちゃんがいて、孫の食事や宿題の面倒を見てくれるという環境があれば、両親も安心して外で働くことができます。

実際、共働き世帯のランキングでも、福井県は全国トップクラスです。さらに、祖父母世代の年配の方にとっても、孫の成長に関われたり、家族の役に立っているという充足感を得たりと、「生きがい」を実感することになり、それが心身の健康を良好に保つ秘訣になっているのかもしれません。

私は、福井県の**三世代同居という生活スタイルが、子どもたちの非認知スキルを高め、ひいてはそれが学力を高めている**と見ています。

孫にとって祖父母とは独特の存在です。

孫が両親を怒らせるようなことをしでかしても、犯罪や命の危険でもない限り、祖父母が怒り出すことは稀です。成績が上がれば満面の笑みで喜んでくれますし、たとえ下がっても決して怒らない。むしろ孫の肩を持って、両親の叱責からかばってくれます。何があっても自分を絶対的に肯定してくれるこうしたつながりは、子どもの自己評価を高め、自信をつけさせるために欠かせません。

ある女子高校生のＧさんは祖父と一緒に食べる夕飯の時間を毎晩楽しみにしていたそうです。お祖父さまは現役時代政治家の秘書だったそうですが、食卓を囲みながらテレビを見る際に、Ｇさんの「この事件ってどういうことなの？」とか「最近のニュースでは政府はこう言われているけれど実際どうなの？」という質問に惜しみなく答えてくれたそうです。Ｇさんは、こうしたお祖父さまとの日々のやりとりで自分の知的好奇心が養われたと言います。

異なる世代が1つ屋根の下、言い換えると、自分とは異なる文化や発想を持つ人とともに暮らす生活スタイルが、スポンジのような吸収力を持つ孫世代の考え方やものの見方に影響を与えないわけがありません。

別の事例ですが、Ｅくんは北海道の石狩川が流れている地区に住んでいた祖父母から、この川が昔はたびたび氾濫し地域全体の悩みの種であったことをことあるごとに聞かされていました。これについては舞台が江戸時代ではありますが、『石狩川』という小説にもなっています。江戸の昔から続く氾濫の苦労話を祖父母から聞き続けるうち、彼はくだんの小説を読むようになり文学が大好きに。さらには川が引き起こす災害から地域の問題、森林が伐採され、放置されることの影響までも考えを深めるようになっていきました。そして、こうした地域の歴史と問題を改めて調査して、総合型選抜の志望理由書をしたためたのです。

家族から得た「知恵」が非認知スキル構築のカギ

「愚者は経験に学び、賢者は歴史に学ぶ」

これは、ビスマルクによる格言です。

世の中には「まずは自分でやってみないと、わからない」とか「今までの自分の実体験とフィットしないから、判断できない」などと言って、すべての基準を自分の実感ベースに落とし込んで考えるタイプの人がいます。確かに、自分の実体験の中にはたくさんの学びがあります。

ですが、得られる学びの拠り所を、自らの実感や経験のみに限定しすぎてしまうと、視野の狭い表面的な見解しか持てなくなる可能性があるということには、ビスマルクの格言が示唆する通り気をつけるべきではないでしょうか。私は、そのような視野の狭さから脱却できる環境が三世代同居にあるのだと思います。

祖父母の世代と孫の世代には、優に半世紀の開きがあります。祖父母を通じて、自分が生きている範囲の時空を超えた社会の流れを感じることは、自分一人の経験だけでは摑むことのできない歴史の潮流を理解することに通じます。そうした歴史観から生まれる学びの中には、未来に残すべき教訓や知見が必ずあります。

つまり、**三世代同居という環境があれば、孫世代は単なる知識だけでなく「知恵」にも接することができる**のだと思います。

私も総合型選抜の指導の中では、受験生に対してほぼ必ず「自身の祖父母からどんな影響を受けているのか」について考える機会を設けるようにしてきました。たとえ祖父母と一緒に暮らしていなくても、また、既に他界されていて直接は話を聞けなくても、祖父母がどんな時代を生き、誰と出会い、何をしてきたのかについて自分なりに思いや考えを巡らせることはとても重要なプロセスです。一世代の間があるだけで、社会の構造も価値観もびっくりするほど違いがあります。そのような変化の中を生き抜いている方々の知恵から学べることは、非常に大きいのです。

また、自分の存在をあらしめている家族のつながりを通していろいろな知見を得られることは、自分のルーツや自己理解の認識を深めることにも効果的でしょう。

親の職業と非認知スキルの切っても切れない関係

非認知スキル育成は家庭から始まると書きましたが、親の職種や仕事へのスタンスも、わが子のスキルを左右するものであるように感じています。

総合型選抜の合格者の保護者には、際立った特長があることに気がつきます。それは経営者や自営業者、アーティストの比率が高いという事実です。

こうした保護者の多くは、現状の教育システムや入試制度に疑問を感じられていて、これから「食っていく」のに欠かせないものは学校歴ではないということがわかっていらっしゃるようです。ご自身の組織での採用や仕事を通して、偏差値偏重の採用システムに限界があることを、既に感じ取られているからかもしれません。

　経営者となった経緯や自営を選ばれた理由はそれぞれでしょうが、組織を発展させ、持続的に運営していくためには、相当な情熱と自分の中の必然が求められるはずです。さらに言えば、自分の生き方と事業とを一致させる、つまりは「誰かの命令を受けてやる」のではなくて、「自分から問題を見つけ出し、その課題解決そのものを自分の生き方とする」姿が経営者に共通する素養だと思います。

　これはまさに、社会の課題を自らの必然で発見し、自分の言葉で表現し、さらに行動しながら合格を勝ち取る総合型選抜のあり方とおおいにシンクロしています。

総合型選抜は
わが子を大海原に放り出す入試

ちなみに、自分の後継者であると考えているわが子に、あえて総合型選抜を選択させる経営者が想像以上に多いことは、一般にはあまり知られていないようです。

非常によくある誤解に、「総合型選抜は一般入試に比べて楽」という認識があります。合否が決まるのも一般入試より早いですし、志望理由書や面接で決まりますから、「試験なしの、勉強しなくてもいい受験」と短絡的に捉えられてしまうのでしょう。

ところが、ここまでお読みいただいた内容で既にご理解いただけていると思いますが、このような総合評価型の入学者選抜は相当に難しい試験です。

むしろ、難しさの質が一般選抜とは全く違うという言い方の方が、正しいかもしれません。

一般選抜でしたら、予備校が推薦する参考書を1冊まるごと覚えれば、そこそこの点を取ることができます。言い換えると、「これだけやればいい」というゴールがほぼ決まっていますし、試験でよりいい点を取るためのパターン学習が可能であることから、やるべきことが定まりやすいのです。

ところが総合型選抜の場合、そう簡単にはいきません。社会には現状どんな問題があって、自分はそれをどう解決したいかということを、きわめて具体的にすることが求められます。つまり、問題集に掲載されるような解くべき問題が与えられることはありません。何が課題であるかを自らが発見しなくてはならないのです。

また、「社会の課題を発見しなくてはならない」というと、環境問題や女性の社会進出、格差などに関わるものなどを思い浮かべられると思いますが、こうした課題は既に実社会で共有されているものですから「発見」にはなりません。

つまり、総合型選抜では、共有課題を体裁よくまとめるだけでは合格することはできないのです。その受験生であればこそ見出せるような「まだ誰からも指摘されていないような問い」を立て、その受験生ならではの切り口で解決策を見出すところまで求められます。

これをたとえて言うなら、18歳のお子さんを、ぽーんと大海原《おおうなばら》に追いやって、持てる経験と知識を総動員して自ら方向をさだめ、その場に浮いている物だけを頼りに船を作って帰ってこいというような、そんな受験と言っていいと思います。

つまり、相当に追い込まれる入試なのです。

総合型選抜の経験は実業界で活かせる経験

こうした一筋縄ではいかない総合型選抜の形式は、経営者や自営という立場の保護者の方々の目には逆に魅力的に映るようです。総合型選抜指導のプロフェッショナルから話を聞いて、「これは大変な経験だけど、やらせた方がいいですね」とおっしゃる保護者の方が経営者であるケースが多くありました。

次期後継者と見込んだ子弟を総合型選抜に挑戦させる経営者が多いのは、この入試をあえて経験させることで、一種の帝王学を学ばせているように思えます。

実業界を始めとする実社会では、仮説を組み立て、「みんなが正しいと思っていることが実は間違っているのでは？」といったような視点を持つことが欠かせません。大勢によって既に刈り取られてしまっているレッドオーシャンではなく、まだ誰も手をつけていないブルーオーシャンを見つけることがマーケット開拓において必須です。たとえば、女性の社会進出の問題を、「託児所の少なさ」「昇進の問題」などわかりきった視点から見るよりは、「別のところに問題の本質があるのではないか？」「今はこう言われているけれど、果たしてそれは真実と言えるのか？」と、むしろ逆の視点から見て、それまで考えも及ばなかった事実を発見し、そこに商機を見つけ出すことこそが、ビジネスそのものであるからです。

ですから、総合型選抜をわが子に選択させる保護者の方は、この入試を通してビジネスや実社会の中で実践レベルで必要となる思考や体験を味わえることを見抜かれ、そこに単なる合否といった結果以上の価値を見出されているのではないでしょうか。

確かに言えることは、総合型選抜は非常に面倒な入試形式ではありますが、通常とは違った視点から物事を考える姿勢が必ず身につく入試でもあります。そして身についた姿勢は、たとえ入試に落ちたとしても、血となり、肉となって、一生涯の姿勢となります。

アーティストの子どもが総合型選抜を好むわけ

ミュージシャンやデザイナー、俳優といったアーティストの方々も、わが子の入試に総合型選抜を選ぶ傾向が見られるのは実に面白いところです。

もともと、こうした職業の方々は表現者ですから、自分の作品、自分の表現というものを日頃からきちんとまとめ上げ、それを示すことが「メシを食べていく」ことそのものという側面があります。

そうした親の姿勢がお子さんにも影響を与えているのか、自分がいつ、何をして、どう感じたかということを、日頃からポートフォリオという形でまとめているお子さんがとても多いのです。日々の暮らしそのものが、自分を作るものであるという事実を感じ取っているからだと思います。そうしたお子さんは、ものの本質を見たがったり突き詰めて考えていったりする傾向が強いと感じます。

音楽でも美術でも演劇でも、何かをクリエイトするという行為は、ただ音符通りに弾けばいい、見ているものを描けばいいというような単純なものではないのだろうと思います。

たとえば俳優が役を演じる際には、セリフの奥には何があるのか、自分が演じる役はどういった人物で、日頃はどんなことを考えているのかというところから始めます。演じる役の本質から考えて、それから演じているのではないでしょうか。

また、親がアーティストでなくても、ダンスや絵画、音楽などを嗜《たしな》んでいるアーティスト気質のお子さんたちは、ものをよく見、表面上からは見えない本質に落とし込む力に長けています。つまり、**全く別のところにある点と点をつなげて一つのストーリーにしていくようなことがとても上手**な場合が多いのです。

書道をやっていたHさんは、書道では「筆の流れ」というものがとても大切であることを自身の表現活動から何となくですが認識していました。勢いのある筆遣い、抑制された筆遣い、あるいは軽やかであったり、重かったり、ゆっくりとした筆遣いであるとか、さまざまな筆遣いが渾然一体となって、書という芸術が誕生します。

Hさんはその「流れ」が生み出す効果や役割から連想して、大学では流体力学を学ぶことを選びました。書道の筆の運びから流体力学とは大胆な飛躍ですが、こうした飛躍ができるのは日頃から書道という芸術に親しんでいた彼女なればこそですし、大学側も、「単に数学や物理を学んできました」という受験生にはない可能性を感じるのだと思います。

職業ではなく、「職業観」が わが子の非認知スキルを左右する

経営者や自営の方、ある意味、自営と言えるアーティストの保護者を例に取りましたが、実のところ、わが子の非認知スキルを左右するのは保護者の方々の職業ではなく、「職業観」なのだろうと思います。

つまりは、組織の中にいたとしても、その中で埋没し、「無難に定年まで過ごせればいい」とか、「給料のために働く」といった消極的な職業意識ではなく、アントレ

プレナーシップ（起業家精神）を持って、仕事の課題点・問題点を常に見つけていこうという姿勢や、組織の中にあってさえも果敢に新しいことに挑戦を繰り返していくような、そんな職業観が子の非認知スキルを飛躍的に高めていくように感じます。

なぜなら実社会という大海原で真っ向勝負し、そこで生き、喜び、もがくことは、非認知スキルを高めることそのものですから、親のそうした生き方が子に影響を与えないわけがありません。

私は、**子の非認知スキルを伸ばすなら、働く上での悩みも含め、親が仕事に対してどのように向き合っているのかを積極的にわが子に話し、見せた方がいい**と考えます。その立場で言うと、コロナ禍ゆえの昨今のリモートワークは絶好のチャンスです。父親、母親が働いている生の姿を感じさせることができるからです。

生の姿と言えば、こんなことがありました。

大手広告代理店から訳あって独立、小さな会社を立ち上げ、広告の仕事をされている保護者を持った高校生Ｉさんの話です。

詳しい事情はお聞きしていませんが、大手からの独立とあって、Ｉさんの父親は相当苦労されました。立ち上げの苦労や心労について、包み隠さずＩさんに話して聞かせていたそうです。そしてその度に「困難を突破する特効薬はないんだ。一番大切なことはコツコツと小さなことを毎日続けることなんだ」と娘に言い聞かせていたそうです。

実はＩさん自身はとても内気な高校生です。彼女が大学受験にどう向かうかについて、当初父親は「こんな内気な娘は、面接試験があるような総合型選抜には絶対に向いていない！　とにかくコツコツ勉強しさえすればいい一般選抜が娘の性分に一番合っている！」と断言されていました。

ところがそんな父親の確信とは裏腹に、Ｉさんは「総合型選抜を受けてみたい」と言い出しました。積極的とはとても言えないＩさんでしたが、苦手な英語もまずは英検を受けるところから始め、やがて別の資格にまで挑戦するほどになります。また、将来や自分自身について深めていくうちに彼女の姿勢というか雰囲気がみるみる変化し、その自信が外側の振る舞いにも表れるようになっていきました。結果、Ｉさんは見事に最難関私立大学に総合評価型の入試で合格したのです。

「合格したことも驚いたが、一番の驚きはうちの娘が全く別人のようになったことだ！」と父親は非常にびっくりされていましたが、後にIさんが言っていたのは「お父さんの姿を見て、やりたいことをやるには、人生の苦労や自分の弱さからは逃げられないと感じた。それがこの入試を受けようと思ったきっかけでした」とのこと。父親の仕事に対する姿勢が、自然と娘の変化や成長に大きく寄与していたのだと思います。

　Iさん親子の事例が示すように、保護者が働くリアルな姿やその中で大切にしている価値観、自らの経験についてわが子に伝えることは、子どもの成長に非常にいい影響を与えると思います。

　ですが、最近の中高生に「あなたのご両親はどんな仕事をされているの？」と聞くと、「親の職業についてよく知らない」と答える生徒が少なくありません。これは親自身の職業観が子どもの非認知スキルを伸ばす生きた教材であるにもかかわらず活用できていないという点で、大きな機会損失であると思います。中高生のトレンドにはついていけなくても、仕事の話ならすぐにできるはずです。保護者の方には、今日からでも始めていただきたいことの一つです。

わが子とは五感に訴えるやりとりを

家族間における緊密なコミュニケーションこそが非認知スキルを高めるものであり、こと総合型選抜に関しては、これなしに合格はおぼつかないと断言できます。また、大学受験の入試形式にかかわらず、今日からぜひともお子さんとのコミュニケーション機会を増やしてほしいと思いますが、その際には五感に訴えるやりとりも意識されてみてはいかがでしょうか？

とは言っても難しく考える必要はありません。**「視・聴・嗅・味・触」という5つの感覚を、ご自分の得意な方面からお子さんに示せばいいだけです。**

スポーツが得意で、高校生活のほとんどをサッカー部に捧げていたJくんの話があります。自分が一生懸命に取り組んだ活動や経験を活かせればと上智大学の公募制推薦入試に挑戦したわけですが、体育学部などの進学を希望していたわけではなかったため、まずは自分が大学で何を学びたいのかを考えるところからスタートしました。

「サッカー以外で自分の心が動いた経験は何だろう？」と改めて考えたとき、彼の頭に浮かんだのは、一本のロシア語の映画でした。それはスパイ映画だったのですが、この作品を観たことからロシア語が醸し出す発音になぜだかとても惹かれたことを思い出し、推薦入試の受験対策をきっかけに動画サイトなどで自分なりにロシア語について調べるようになりました。

ところが、もちろんＪくんは特に流暢《りゅうちょう》なロシア語が話せるわけではありませんし、ロシアへの渡航経験もありません。そのうちに、友人や先輩から、「外国語学部の名門である上智のロシア語学科は、ロシア語ペラペラの帰国子女が有利らしい」というまことしやかな情報も入ってきました。

推薦入試の面接の日が近づくにつれ、Ｊくんは「自分にはやっぱり難しすぎる挑戦だったのではないか」「ロシア語学科を志望するのには、ふさわしくないのではないか？」と急激に自信を失っていくようになります。

迷っている本人の様子を目の当たりにした母親も、ロシアについて詳しいわけでもありませんし、もちろん行ったことすらありません。「わが子に対してどのように助言をすればよいのか？」「親として自分にできることは何だろうか？」

　悩んだ末に、母親がとった行動があります。

　それは、毎日、ロシア料理を作ること。サッカー部だったJくんは、秋まで部活動と受験勉強を両立させなければなりませんでした。学校で授業を受け、放課後は部活、その後、塾に通って帰宅する、そんな受験生活を送るわが子のために、毎日のようにせっせとロシア料理を作りました。

　ボルシチ、ピロシキ、ビーフストロガノフ……そうした食事をきっかけに、ロシアについてもあれやこれやと家族の中で毎日のように対話が生まれるようになります。何よりも、母親が作るロシア料理を食べ、その愛情を感じた本人の気持ちがとても前向きなものに変化したのでしょう。

　面接当日、彼の前の受験生は、やっぱりロシア語ペラペラの帰国子女だったそうで、部屋からは面接官とロシア語で会話する声が漏れてきたそうです。ですが、彼は、「自分は自分。帰国子女だからとか、言語が話せるからという理由で志望したわけではない。自分の心からのロシアへの関心を伝えよう。憧れの志望校の教授に、自分の思いを直接伝えられる場に感謝しよう」と、気持ちを乱されることなく面接に臨みました。

　結果、見事に合格したのです。

　言葉だけではない母親の料理から伝わる愛情が、感受性豊かな世代の男子に感銘を与えないはずがありませんでした。

「大学は完成した人が行く場所じゃない。これから学びたい人が行く場所だから、ありのままの自分で勝負しよう。自分もお母さんと同じように、腹を据えてやるしかない」。そんな気持ちになったそうです。

　このJくんと母親のエピソードは、まさに家族だからこそできる、五感に訴えるコミュニケーションの一例なのではないでしょうか？

親子写真は子の非認知スキルを上げる

料理は五感をフルに刺激することそのものですが、「視《み》る行為」すなわち親子写真もまた、お子さんの非認知スキルを上げる行為のように感じます。

たとえば旅行に行ったときなどは、正面からの写真だけでなく、ぜひお子さんの後ろ姿や親子で没頭して作業している姿も撮影してください。もちろん家族旅行に限らず日常の中でもぜひ本人の姿を頻繁に撮るようにして、それをもとに本人に話してあげてほしいのです。

自分では視ることができない自らの後ろ姿や横顔、親や仲間といる様子を外から客観的に視ることで、「ああ、自分ってこんな佇まいでいるんだ」と気がつくことができるはずです。

また、親は必ずわが子を被写体にして撮影する際「画角の真ん中」に子を写すでしょう。**人生の主人公が自分であることを視覚的に捉えられる効果もある**のではと思います。

このように、自分を「メタ（高次元）」から捉えることもまた、本人の非認知スキルを上げる行為につながります。

子の趣味に合わせるのでなく、親の趣味に子をつき合わせよう

非認知スキルを高めるためにはコミュニケーションを深めることが不可欠で、ようは親子で五感を刺激し合おうということですが、親の趣味につき合わせるというのも、これを高めるのに効果絶大です。

女子高校生Kさんの母親は、若い頃から安室奈美恵さんの大ファン。それこそKさんを引っ張るようにしてコンサートに連れて行ったそうです。

何回もコンサートを見るうち、なんと彼女、安室奈美恵さんの眉毛に興味を持ち始めました。眉は「顔の額縁」と言われます。角度一つでやさしく見えたり、クールに見えたり……。

そこから「人間の表情」について関心を持つようになり、自分の志望理由書を考える際の大きなきっかけとなったそうです。

入学後の研究テーマに通ずる自分の興味関心について、どう深めたらいいのかわからない高校生は少なくありません。そんなとき、意外な視点を与えるのが、実は親の趣味だったりします。「一体何があの親をあそこまで没頭させるのか？」と考えさせる契機になり、親の趣味を通して大人が何を考えているのか、どんなものに魅力を感じているのかを考える機会となり得るのでしょう。また、親世代の趣味嗜好を知ることは、総合型選抜で受験生を選抜する側の趣味嗜好を知ることにもつながります。

祖父はラグビー部、父と兄はヨット部というご家族の中で育ったＭくんは、家族から生涯つながる仲間の大切さを学んだと言っていました。特に70歳を超えてなお学生時代のつき合いが濃く続く祖父の仲間が集まる場には、父親もＭくんも一緒に参加することが常だったそうです。仲間の葬儀のときに皆で歌っている祖父たちの様子を見て、他者を大切にすることや近しい友人だからこそ礼節を重んじることなど、祖父の生き方が父親に影響し、それがＭくん自身の考え方や生き方にも影響を及ぼしたそうです。また、家族以外で世代の離れた人とプライベートで接する機会が多かったため、大人と接する際の度胸や愛嬌も同時に身につけられたのではないかと思います。

いずれにしても、子の趣味に親が合わせているようでは、決してこうはなりません。親や、時には祖父母の趣味や遊びの場に子どもを同席させることで、若い世代の文化だけでは気がつかなかった視点や人間として普遍的に大切にすべきことなどを、子どもが自らの気づきで獲得できるようになると思います。

何よりも家族のコミュニケーションを深める機会になりますし、さまざまな副次的効果も期待できます。今度のお休みはぜひ、あなたの趣味にお子さんを誘ってみてください。

親子のコミュニケーションが逆効果になったケース

コミュニケーションこそがわが子の非認知スキルを高めるカギですが、単に親が子に関わればいいということではありません。親子のコミュニケーションがかえって逆効果になってしまった例をご紹介します。

Lくんは、非常に賢く周囲からも一目置かれるタイプの生徒でした。最新の通信技術に関心を持ち、実際に大学の研究室に足を運ぶなど、行動力にも秀でていました。Lくんが志望した最難関私大の総合型選抜に提出した志望理由書、活動報告書の完成度も非常に高く、誰もが彼の合格を疑いませんでした。実際に書類審査を見事に突破し最終合格を決める面接試験に臨みました。

ところが、です。この面接試験でLくんはまさかの不合格となってしまったのです。これは本人も相当にショックだったろうと思います。

ただ、幸いにも彼の志望大学では総合型選抜を受けるチャンスが複数回あったため、再度面接試験に挑めることになりました。

それにしても、1回目の面接ではLくんはなぜ不合格だったのでしょうか？

客観的に振り返ったときに、この結果に対して「もしかしたらこれが原因かも……」と感じる節はありました。それは、面接試験の練習の際、講師や仲間に対して

Ｌくんが醸し出す雰囲気です。何となくすべてが上から目線で、相手が言っていることを否定するような話しぶりなのです。端的に言うと「言っていることは確かに正しいのだけれど、どこか共感できない」のです。

彼の対人関係が作り出すこうしたムードというか空気は、「何がどうしてそうなるのか」というのを説明できない領域です。こうした言葉にできない感覚を本人の改善ポイントとして指摘することは非常に難しいことです。「共感を得るにはこうすればいいよ」という方法論はないからです。本人が根本的に信じている人間関係のあり方がそうさせていることがほとんどなのです。そして、その人間関係のあり方を形成する根本が、実は家族関係、特に親子の関係であることが多いように思います。

実際に、2度目のチャンスに向けてＬくんと面接のシミュレーションをしていたとき、面接での対話によって相手との関係性を発展的で闊《かっ》達《たつ》なものにできないことに泣きくずれたＬくんが言ったことは「父が怖い……」でした。

Ｌくんの父親は大手企業でバリバリと仕事をこなすビジネスパーソンで、Ｌくんは父親のことをとても尊敬していました。ただ、父親は仕事上の取引先とのタフなやりとりをしているような感覚でわが子と会話をしていたようです。Ｌくん曰く「父から論破されないよう、否定されないよう、父と話すときには絶えず理論武装してきた」そうです。

もちろん、父親は実際の仕事での熾烈な現場を体感しているからこそ、わが子にもたくましく育ってほしいとの思いがあったのだと思います。ですが、対人関係のベースはそもそも共感や信頼を形成することが先に来るはずです。おそらくLくんと父親との対話では、そこが抜け落ちてしまっていたのだと思われます。

そんな本音を吐露する中で、人との対話では否定も論破もしなくていいんだと気づいたLくんは、そこから肩の力が抜けて自然体で面接に臨むことができ、見事リベンジ合格を果たすことができました。

このように、せっかくいいものを持っていても面接試験で不合格となるケースにおいて生徒の対人関係を見直すと、「家族との対話」に原因があったという事例は少なくありません。

第3章でも述べましたが、親による掛け値なしの「信頼」と「期待」に満ちた対話が、わが子がポジティブな対人関係を形成できる最大の動力になることを、今一度心に留めていただければと思います。

「好きな道に進んでほしい」という無責任

さて、わが子の非認知スキルを上げるさまざまな方法を書き連ねてきましたが、親御さんご自身の非認知スキルをチェックする方法もあります。

実は私には、総合型選抜のためのカウンセリングの際、保護者の方に必ず尋ねることがあります。

「お子さんに期待していることは何ですか？　将来、どんな方面に進んでほしいと思っていますか――？」という質問です。

一番多い返答が、「本人の好きなこと、やりたいことをして生きていってほしいですね」という内容です。だいたい9割の方がこう答えられます。

そこで続けて「では、本人の好きなことって何ですか？」とお聞きすると、ほぼ全員の方が言い澱んでしまうのです。顔を見合わせ、ちょっと自信なさそうに「お前って、何が好きだったっけ？」とその場で本人に尋ねる保護者も少なくありません。

たとえば、「わが子はゲームにはまっていて詳しい。ちゃんとやっていけばきっとこの世界で食えるようになる」。あるいは、「この子は手先がすごく器用で、これを活かして成功してほしい」などなど、お子さんの好きなこと、得意なことを具体的に挙げられるほど理解されていて「だからこそ、好きなこと・得意なことで生きていってほしい」と話される方は本当に稀です。もう1割もいらっしゃらないんじゃないでしょうか。

実は、**「好きな道に進んでほしい」というのは、一見理解ある思いやりある親の発言に聞こえはするものの、これほど無責任な言葉はないように思います。**

確かに本人にとっても聞こえのいい言葉だとは思いますが、大学入試の段階で自分の得手不得手がわかっていてそこに確信を持てる子はほぼいません。また、大好きなことが、「将来もそれで食っていける」こととも限りません。

そのときに、親がどれだけ子どもの中にある可能性に光を当て、そのよさや魅力を具体的に本人に語ってあげられるかは、その後を決するように思います。もちろんそれは、わが子を点数や偏差値で判断していては決して見出せないでしょう。日常の中での子どもに対する真の観察眼が問われるのです。

わが子を「未知なる存在」と認識することから始まる

とはいえ、「親がわが子をよく観察する」というのは、子どものすべてを把握し管理するということではありません。

そもそも親も子もそれぞれが別の人間であり、加えて子どもが成長したり親のキャリアに変化が生じたりすれば、親子双方の生活リズムも異なるようになっていくはずです。その結果、気がつけば子どもの友人関係や行動範囲など、親も知らない子どもの世界が増えてくるものです。

かといって、子どもの領域について「それは本人の問題だから」と放置放任したり、逆に親が子どもの状態を何でもかんでも把握し干渉しすぎたりすれば、親子の深い軋轢を生じさせたり子どもを依存状態にさせたりと、あまりよい関係性を築くことにはならないでしょう。

こうならないカギは、「親がわが子をどんな存在として捉えているか」、その考え方の違いにあるように思います。

それは、子どものことを自分（親）よりも未熟であり「庇護すべき存在」と捉えるか、自分（親）にはない可能性を有している「未知なる存在」と捉えるかの違いです。そして後者の考えの方が、親も子も互いに自立した存在として認め合い、高め合えるような持続的な関係性が築けるのではないでしょうか。

実は今こそ、わが子を「親をも卓越するような未知の可能性を有する人財」として認識するには絶好の時代です。なぜならば、人生のキャリア形成のイメージやそれに伴う社会システムにおいて親と子の世代間ギャップが著しく大きくなる状況にあるからです。

幼少期、青年期、成人期、壮年期、老年期と、人の一生は年齢を重ねるごとにキャリアが積み上がっていく……。こうしたキャリアイメージは、今の中高生世代の保護者が自分の親から受けてきたものです。そして多くの場合、ほぼそのモデルに追従しながら保護者自身も過ごされてきたことと思います。

ところが、子ども世代の若年層については、こうしたキャリアはもはや全く通用しないのです。

〝日本では、２００７年に生まれた子どもの半数が１０７歳まで生きる〟

そんな海外の研究データもあるようですが、わが国は世界に先駆けて「超長寿国家」としてのモデルチェンジが迫られていることは周知のことと思います。政府による「人生１００年時代構想会議」も設置され、教育や働き方、社会保障まで、経済社会システムの抜本的な見直しが図られようとしています。

「20代前半で社会に出て同じ会社に勤め続け、キャリアのピークは40~50代。65歳以降は退職金で余生を過ごす……」。親世代にとっては当たり前のモデルが子世代には当てはまらないのです。むしろ「人生１００年時代は80歳まで働き続けなければならない。そのためには、自分のキャリアのピークをなるべく後ろの方に持っていかなければならない。また、一つの職業だけでなく、いくつかのジョブチェンジを繰り返すような働き方が当たり前になる」。これからの時代を生きる人間の一生は、こうしたあり様が一般的になるはずです。

つまり、**親も生きたことのないような、未踏の世界を生きる人財がわが子だと思えば、まさに「未知なる存在」として子を認識できるようになる**のではないでしょうか？


しかも、今はＶＵＣＡと呼ばれる時代です。

変動的（Volatility）で不確実（Uncertainty）、複雑性（Complexity）が高く、とても曖昧（Ambiguity）な社会において、私たちは、少し前までの普通があっという間に通用しなくなることを痛感しています。

経済の成長が安定して持続するような社会であれば、時間の経過とともに段階的に徐々に成長するモデルでよかったのかもしれません。ですが、今のような時代、そのような時系列的成長モデルの汎用性はかなり低いものでしょう。これからの時代を生きる人財に求められている本当の力は、状況が一変したとき、頭で理解するよりも速く直観的に反応し、瞬く間に適応を果たしてしまうような柔軟性や瞬発力です。

そうした能力が、１００年という長い人生の至る所で形を変えて常に求められ続けるのです。

アスリートのキャリア形成に学ぶ

こうした現実を見たときに、子どもたちが参考にすべき生き方とは、どこにあるのでしょうか？

私は、これからの時代を生きる若い人たちが自分らしく幸せに生きるには「アスリート的な生き方」に学ぶべきものがあるように思います。

陸上競技にしても、フィギュアスケートにしても、例外はありますが、多くの場合、アスリート選手としての旬は10代や20代といった若い時期です。60代、70代にピークを持っていくということはまずありません。しかも、そこに「若いから」や「未熟だから」といった発想もほぼありません。有している才能を磨ききるべく、これでもかというほどに徹底的に鍛え上げます。また、世界を舞台に挑戦するようなトップアスリートになると、自らの競技フィールドにおいて年齢や国籍、それまでのキャリアは全く関係なく、常に裸一貫の勝負が求められます。

一方で多くの場合、アスリートとして存在できる旬は決して長くはないものの、若い時分に研磨された資質や経験あるいは人脈などを元手に、引退後などはスポーツとは全く別のビジネスや実業の分野で活躍する姿が見受けられます。

つまり、アスリートを見ていると、人生の非常に早いタイミングの一時期に持てるエネルギーのすべてを凝縮し、心の底から熱中して突き進むという経験をしており、それが自分の人生を切り拓く原体験となってその後のキャリアを支えているように感じるのです。

そしてどんな一流のスポーツ選手も、その活躍を支えているのは多くの場合、保護者の方です。親としての明確な哲学と信念が、アスリートをアスリートたらしめているという事例が、スポーツの世界では当たり前です。

親による子どもへの認識が、若さの本質とは「未熟さ」ではなく、予想を上回るようなパフォーマンスを発揮する「人生の旬」だというように変化したとき、それまでには見えてこなかったわが子の姿が見えるかもしれません。

「なりきる力」を親子で育む

ちなみに、総合型選抜における成長と変化のプロセスもまた、非常にトップアスリート的です。さまざまな変化や外圧にさらされても折れないしなやかさとバイタリティは、アスリートが日常的に鍛えている能力そのものですが、総合型選抜で求められる人財にも必須の力です。

ある大学の総合型選抜の志望理由書に「笑いを科学したい」という研究テーマで書いたOさんのエピソードがあります。

最終合否を決める面接試験の際、教授から、思わぬ投げかけがあったのです。

「まず、僕たち面接官を、今すぐに全員笑わせてよ」

Oさんは即座に、面接官の中にいた髪の毛の薄い教授に向かって、

「♫ハゲよ〜、遠きハゲよ〜♫」

と、ユーミンの歌マネを披露したそうです。

無事、合格しています。

このOさんと教授とのやりとりは、ある意味、とても非常識です。ですが、緊張感みなぎる面接試験の会場で、場に風穴をあけることのできる人財には、やはりいざというときの底力を感じます。私は、こうした即興的な突破力が人生でもっとも効果的に鍛えられるタイミングこそ、世間一般の常識や先入観に囚われていない柔軟性を有する若い時期だと思います。

では、親としてどのようなスタンスで子どもに接すれば、こうしたしなやかな瞬発力や突破力を伸ばすことにつながるのでしょうか？

私は、その一つの考え方が、**「目指すものに、今なりきる」という習慣をわが子に持たせること**だと思っています。つまり、自分の成長を時系列で捉えない生き方を習慣化させるのです。「いつかその分野で芽が出ればいい」ではなく、「既にその分野の第一人者である自分」になることを子どもに求めるのです。「20年後に医師になったらこうしよう」ではなく、「既に医師である自分が、今この瞬間にどう考え行動するか？」を、日常的に課す、そんなイメージです。

この「なりきる力」は、別の言い方をすれば「演じる」ということになるのでしょうが、これは決して偽りを表現することではありません。「そのものになる」ことへの連続的な挑戦です。本気で演じると、いつしかそれがリアルになっていきます。

実際に子どもたちに対して野球やサッカーなどのスポーツを指導する際、「一流選手になりきってプレーする」という手法を耳にすることがあります。これは絶大な効果があるそうです。自分の憧れの選手をイメージし、なりきることで、現状を超えたポテンシャルが発揮されるというのです。

総合型選抜でも、子どもがポートフォリオを作成していくプロセスで、自分自身が心から「演じたい＝なりたい」と思える自らのイメージを具現化していく作業は必須です。他から得られたイメージではなく、子ども自らの中から創り出したセルフイメージに向かって「なりきる」ことは、一生を支えるコンパスになるはずです。

親が子どもをたしなめるとき「そんな夢みたいなこと言ってないで勉強しなさい」とか「そんなあなたの現状ではどうせ無理よ。まずは目の前のことをしっかりやりなさい」などのメッセージだけで終わらせてしまうことはよくあることだと思いますが、お子さんたちが「なりきりたい姿」を創り出せる環境を、ぜひご家庭のちょっとした対話の中から育んでみてはいかがでしょうか？

最終章となる次章では、総合型選抜で合格するコツや考え方についてお伝えしていきます。

第 5 章

今すぐ始められる!
「合格する子の親」
に共通する
8つの習慣

合格に導く8つの習慣

第4章でわが子の「非認知スキル」を伸ばすための親としての関わり方を紹介しましたが、最終章となる第5章では、総合型選抜で合格する子の親に共通する習慣について述べたいと思います。

「習慣は性格を作り、性格は運命を作る」と言われますが、受験においても本当にその通りです。特に総合型選抜においては、これまで述べた通り「親の考え方」が子に非常に影響します。本章では、合格する子の親に共通する日常的な思考やあり方を8つご紹介します。ぜひ参考にしていただければと思います。

その1

兄弟姉妹でランク付けしない

どんな子どもでも、親に褒められたいものです。そのとき人生最初のライバルとなる存在が兄弟姉妹かもしれません。もし兄弟姉妹の優劣を決める審査官として親が存在してしまうと、比べている親の価値観に基づいて兄弟姉妹に勝つことが自己存在の軸になってしまうため、非常に不自由な大学・学部選びとなり、結果としてうまくいかなくなるリスクがあることを認識すべきでしょう。

実際に非常によくある状況として、国立大学に進学した兄姉を褒めることで、それが既に弟妹にとってプレッシャーとなってしまい、大学の中身や自分のやりたいこと以前に「国立大学が上なんだ」という価値観を持ってしまうケースがあります。また、医者の家系で兄弟みんな医者だとか、祖父の代から皆慶應出身だとかに対する親の認識も同様のリスクを孕《はら》むことが多いように思います。

もちろん、努力し摑み取った結果に対して親として賛辞を送ることは大切なことですが、結果ではなくそのプロセスに対する価値を他の兄弟姉妹と意識して共有することの方がより重要なのではと思います。

以前、ある母親からとても苦しい胸の内を明かされたことがあります。高校受験の際に、姉が某難関私立大の附属高校に合格したことから、妹も姉と同じように進学校に入れようと早いうちから熱心に塾に通わせたそうです。最初のうちは成績もよかった妹ですが、高校受験の本番が近づくにつれて成績が全く伸びなくなり、名門と言われる高校にすべて落ちてしまったのです。母親は、高校受験に成功した姉は成功者で妹は失敗者だと捉え、姉よりも妹は可哀想な存在だとずっと感じてしまっており、それが妹本人にも伝わっているのではないかと悩んでいたのです。

実は、大学受験にあたって、妹に総合型選抜を勧めたのは母親でした。この入試にチャレンジすることで暗黙のうちに存在する妹の姉に対する劣等感のようなものを変えられるかもしれないと考えたそうです。

そして、この母親は妹の中にあるよさや本人にしかない魅力についてわが子と一緒に一つひとつ言語化していきました。結果として見事に慶應義塾大学に合格。

合格発表の前に、「たとえ大学受験が不合格だったとしても、そのプロセスで彼女が自分だけの価値を改めて見出すことができたのだから、こんなに幸せなことはない」と、そう母親がおっしゃっていたのが印象的でした。

受験に向かうにあたっては、そこに合格・不合格、という結果が伴うのは必然です。であるがゆえに、合格という結果が重要でそこに価値があるという認識はもっともです。マークシートやペーパーテストなど、一律にスコア化できるものであれば、「知識が多ければ多いほどいい」という明確な「基準」が設定できるため、スコア順に上から並べて、「ここから上は合格、ここから下は不合格」と、合否のラインを引くことが可能です。

ところが、こと総合型選抜においては、「合否ライン」という考え方自体が、当てはまりません。たとえば、慶應ＳＦＣはＡＯ入試について次のように述べています。

ＡＯ入試は一定の条件を満たしていれば自らの意思で自由に出願できる公募制入試です。入試内容の特色は筆記試験や技能試験などの試験結果による一面的、画一的な能力評価ではなく、中学校卒業後から出願に至るまでの全期間にわたって獲得した

学業ならびに学業以外の諸成果を、筆記試験によらず書類選考と面接によって多面的、総合的に評価し入学者を選考するものです。

募集定員の限りもあり、選考という形式をとらざるを得ませんが、アドミッションズ・オフィスは入学志望者と大学が互いに望ましい「マッチング」を創り出すための出会いとコミュニケーションの場です。

（募集要項より抜粋）

最後の一文に、〝志望者と大学が互いに望ましい「マッチング」を創り出すための出会いとコミュニケーションの場〟とありますが、これは、慶應ＳＦＣにとどまらない、総合型選抜全般の性質だと思います。「大学が目指すもの」と「受験生本人が目指すもの」とが、相互に調和しシンクロするかどうかが、結果としての合否なのです。

志望理由書や活動報告書などの人物データを共有し、面接という凝縮された対人コミュニケーションによる「お見合い」のようなプロセスで、双方の親和性の度合いを測る入試が、総合型選抜。

そう考えると、大学と受験生とがWin-Winの関係となる選抜が、総合型選抜だと言えます。これは、合否ラインをバチッと設定し、勝者（winner）と敗者（loser）の線引きを明確にする従来の受験の価値観とは大きく異なります。誤解を恐れずに言えば、総合型選抜でたとえ不合格だったとしても、「自分に合わない環境を、前もって避けられた」という意味において、決して残念なことではなく、その不合格は、本人にとってむしろプラスの結果だと言えます。

一方、日本の大学入学者の10人に1人が中途退学しているというデータがあります。その理由の多くが、「この大学（学部）が合わなかったから」「入学したら、イメージしていた大学（学部）と違ったから」というもの。いわゆるミスマッチ問題ですが、この状況は、想像以上に不幸です。

こうした総合型選抜の本質について親が理解したときに、もしかすると兄弟姉妹に対する親としての考え方も変化するのではないでしょうか。つまり、兄弟姉妹の結果だけを喜んだり褒めたりするのではなく、その子のプロセスやマッチングに光を当てられるようになるのではないかと思います。

その2

食卓や四季を大切にする

家族で食事をされていますか？　先週は何回、家族全員が揃って食事しましたか？あるアンケートによると、小学校2年生の段階では76・5％の子が親と一緒の食事を希望するそうですが、高校2年生になると、37・5％に減少するとか。小学生時代と比べて半分以下になってしまうのです。この年頃になりますと、勉強もしなくちゃならないし、部活も忙しい。親がうっとうしくなる年齢ですから、一人で過ごしたくなる高校生の気持ちがわからないわけではありません。

ですが総合型選抜に合格する子から話を聞くと、贅沢でなくても、おいしく楽しい食事を家族で工夫されているのだろうなということを強く感じます。

生きる上で絶対に欠かせないものが「食」であり、食卓というのは人間がもっともポジティブかつフラットになれる場です。何よりも、食事の時間はわが子との貴重なコミュニケーションの機会。同時に、どんな変化が起きているのかを見定める時間でもあります。

食卓でわが子が好きなものをおいしくなさそうに食べているのなら、何か不満を抱いている証拠です。素直で口数も多いなら、高校生活が上手くいっているに違いないし、食後、何やら部屋に戻りたがらないようなら、相談したいことがあるのかもしれません。

特に総合型選抜の準備を始めると、家族内における最初の変化として「食卓における親子の対話の質が明らかに変わった」という話を保護者の方からよく伺います。

「子ども自身のキャリアに対する悩みや希望について、親子で夜を徹して語り合った」

「親自身の幼少時代や祖父母のことなど、冠婚葬祭でもない限り話題に出ないことについて、深い話になった」

「自分の仕事やそれに対する考え方など、かなりするどい質問を（子どもから）されてドギマギした」

親子で食卓を囲むことをこうした対話ができるチャンスと捉え、高校生活や進路について話し合っていただければと思います。夕食後、家族でそのまま夜中まで話し込んでしまうような、そんな時間を持てたら最高です。

また食事の際に、ぜひ四季を意識されてみてください。正月、節分、桃の節句、端午の節句、七夕、盆、お彼岸、十五夜月見、ハロウィン、クリスマスなど、そのときそのとき食卓の中で旬を感じられると、子どもの感性や情緒にいい影響を及ぼします。歴史や文化に対する興味関心だけでなく、目には見えませんが、日常を丁寧に生きようとする、そんな姿勢にもつながるように思います。

コロナ禍で比較的家にいる時間の長い昨今は絶好のチャンスです。

まずは家族全員が在宅していることが多い朝食から、トライしてみてはいかがでしょうか。

その3

子どもの話をさえぎらない、代弁しない

わが子が一生懸命何事かをしゃべっているのに口を出し、ついつい話をさえぎってしまう。そんな心当たりはありませんか？

前章でも書きましたが、わが子を一人の個人、「未知なる存在」と見ているか？　あるいは、親がすべて理解している存在であると見ているのか？　子に対する親の見解が明確に表れるのが、この場面です。

自分についてあたかも「答え」を知っているかのような親の振る舞いこそが、実は子どもの思考停止を招きます。自分のことを自分で考える必要はなく、親が代わりに考えてくれる。だったら考えなくていいやという傾向になっていくのです。

総合型選抜の指導では、志望者は自分に関してのさまざまなことを言語化して、ポートフォリオにまとめることが求められますが、最初からスラスラとまとめられる

高校生などまずいません。
「今何に一番興味を持っているのかな？」と尋ねても、まずは考え込んでしまうのです。ですが、最初はそれが普通ですし、考えを言語化するにはじっくりと時間をかける必要があります。

　しかし、たどたどしくもどかしいわが子の話しぶりを見かねて、横に座っていた保護者がついつい口を出してしまう。親にしてみれば、わが子を思うあまり助け船を出しているつもりなのですが、本人は、頭をフル回転させて考えている最中であり、自分の言葉を獲得するために非常に重要な場面であるにもかかわらず、親御さんから口を出された瞬間、自分の頭で考えるのをやめてしまう。これではトレーニングになりません。

　最悪のパターンは、親が志望理由書を書いてしまうケースです。こうした親に共通するのは、子どもが頑張ってきた姿を誰よりも理解しており、自分が一番本人の魅力を的確に表せると思い込んでしまっている点です。また、子どもの拙い説明力と未熟なリサーチ力、親からすると夢物語のような将来像は「現実的でない」とされ、もっと論理的にすべきだといって親が書いてしまうようです。

ですが、大人が書いた志望理由書ははっきり言って全く面白みがありません。ありきたりで常識的な枠組みになってしまっていて、いろいろなところに忖度した会議の企画書のようなのです。こうなってしまうと不合格の可能性が高まります。

逆に合格する子の親は、「この子からどんな言葉が出てくるだろう？」とワクワクしながら聴いている様子が見受けられます。若さゆえの拙さも、やや〝ぶっ飛んだ〟発想も笑いながら受け止めていらっしゃいます。

総合型選抜は、正解探しの入試ではありません。あくまでも本人が自分や世界について、自らの言葉で表現することから始まる入試です。親がその代弁者になることは求められていないのです。

ですから、あくまでも子ども自身が考え続けられるように、保護者の方は、本人から言葉が出てくるまで「待つ」ということも重要なのではないかと思います。

その4

子どもの表情や仕草に敏感になる

言語だけでなく「表情や仕草」でも子どもはさまざまなメッセージを発しているものです。人間は、不快ならば怒るし、嬉しければ笑顔になる。これが本来の姿です。それなのに、不快でも嬉しくても表情がない状態は、本音が出ていない状態です。不満が積もり積もった状態で、全エネルギーを投じて自分を無表情にすることで、鬱憤晴らしをしているのです。

親御さんを交えての三者面談をする際に、私がもっとも気をつけて見ているものの一つがこれです。お子さんが無表情気味だなと感じたときは、「どうしたの？　表情に元気がないね。だったら今日は進路の話じゃなくって、あなたの気持ちについて話をしましょう」、そんなふうに働きかけます。

子どもが無表情の（心を開いていない）とき、つまり本人の本音が出ていない中で、親が学校の成績が上がらないことや、家庭生活での乱れへの不満を語り続けても逆効果です。リアルな声が出ないと問題の本質は解決しないからです。

ですから、そんなときは、まずは徹底的に話を聞いて、本音や不満を洗いざらい吐き出してもらう必要があるのです。こちらの不満を聞く姿勢を見たとたん、積もり積もった不満と義憤がマグマのように噴出します。「〝お父さんのようになるためにあの大学に行け〟なんて納得がいかない！」「親がすすめる学部学科には興味なんて全くない！」などなどですね。

進路の絞り込みは、こうした本音を引き出し、それに耳を傾けることがスタート地点。顔は心のサインボードです。言葉以上に人の心象を表すものですから、親が「わが子の表情」に敏感になることで、より子どもの本当の声を聴けるようになるのだと思います。

感じていることを言語化する習慣があるかどうかは、実はそのことを話せる環境があるかにもよります。たとえば、親の学生時代の友人や仕事仲間、叔父叔母など、ある程度の人生経験を積んだ親以外の存在と子どもとの接点を、あえて作っているご家庭はこうした本音を引き出しやすいように思います。

その5

子どもの服装や髪型に口を挟まない

Sさんは意思表示をしない生徒でした。

どんなにおとなしい子であっても、「できれば東京の大学に進みたい」とか、「女子大はいやだ」程度の意志は示すもの。ところがSさんに限っては、その程度の希望すら口にしません。ここまで自分の意志を示したことのない高校生は初めてでしたが、その理由はとても意外なところにありました。

実は、彼女は自分で自分が着る服を選んだことが一度もなかったのです。高校3年生になってさえ、着るものは全部毎朝母親が選んでいたのです。

まずはSさんに自分の服は自分で決めるようアドバイスすることから始めました。服装やヘアスタイルは自分のことを自分で決める第一歩、自分の姿を自らデザインする大前提だと言えるものです。今日着る服一つ決められないで、自分の進学先や将来など、決められるはずもないのです。

彼女の例は極端な例ですが、知らず知らずのうちにわが子の選択権や自己決定権を奪っていることは、決して少なくありません。

親から見たらラフすぎる服装も奇抜なヘアスタイルも、高校生には成長の一過程。実は学びになるものなのです。こんな例もありました。

都立高校に通うNくんは、2年生に進級したタイミングで髪を銀色に染めました。都立高の生徒ですので、服装は比較的自由。彼の格好については親も容認されているとのことでした。

外見は奇抜でも明るく素直な高校生で、本人に髪のことを尋ねると「電車に乗ると、自分の隣には誰も座ってくれない」と、笑いながらそう話してくれました。

そんな彼は超難関大学を志望し、東南アジアの森林破壊における環境問題をテーマに志望理由書をしたため、無事に書類審査通過を果たします。最終審査の面接試験は当然対面になりますが、彼は自らの判断で迷うことなく黒く髪を染めて面接に臨みました。誰かから言われてそうしたのではなく、彼自身の判断でそうすることを選んだのです。

自分の服装や髪型について、自ら考え選択する日常があるということは、それだけ「自分という存在が周囲からどう見られているか」を意識できることになります。そして、周囲からの自分の見られ方は、自分の責任であることも認識できるようになります。

その結果として身につくＮくんのような柔軟な姿勢は、彼のシルバーヘアを容認していた保護者の方の柔軟さからくるものだったのかもしれません。

その6

子どもの感情にいちいち一喜一憂しない

大人のあなたが、わが子の一喜一憂に同調してしまう。出願や試験本番が近づくにつれ、つい陥ってしまうのがこれだと思います。特に子どものネガティブな感情への同調は最悪です。

「提出書類が上手く書けない」「塾に行ったら周りの人が自分よりできる人ばかりだ」「もう間に合わない気がする」などの反応が子どもからあったとき、家で親がどう声をかけるかは極めて重要です。わが子の不安に同調して無理だと思ってしまうと、非常に薄い内容での出願になってしまうことがあります。

正直、こうしたケースに多いのは、わが子を苦しみから解放させたいばかりに問題を先延ばしにしようとする親の傾向が子どもに移るということです。

「そうは言ってもうちの子にはこの入試は向いていないと思う。答えのないことを考え続けることは今やらなくてもいい。いずれ社会に出たらやるのだから」ということで、本人のつまずきの本質に向き合わず、問題を先延ばしにしてしまうのです。

実は、志望理由書などの書類作成や面接などの準備における子どものネガティブ反応は、ある意味では真っ当なことと言えます。本当の意味で自分や将来に向き合っているからこその反応なのです。ですからわが子が嘆いたときは、そこに同調して易きに流れないことが大切です。

なぜなら、子どもにとっての嘆きやグチは、励ましを求めている場合の方が圧倒的に多いからです。親御さんには、「えっ!?　締め切りに間に合わないの？　ああ、どうしよう？」という同調ではなく、「あなたならできる！」「絶対にやれる！」と言ってほしい。それが本音であるからです。

　わが子からネガティブな言葉が出たら、それは好転反応であると思いましょう。

「今は毒素が出ているだけ。もう少し経《た》てば、きっと変わる」。まずはそう信じてあげてください。


　繰り返しになりますが、総合型選抜において重要なのは、「自分の言葉」を持てるかどうかです。書類作成や面接でもっとも苦労するのもこの局面です。

　ですから、そんなときこそ、子どもに対して親が自身の話をされることも重要だと思います。特に親が仕事をしている場合、その経験を語ると親の弱みも悩みも子どもは見ることができます。さらに、親の倫理観や哲学も伝えられます。子どもに仕事を語ることは、何も偉そうにすることではなくて、子どもと対等になることです。そうやって「一人の人」として親を見ることが、子どもにとって家庭が社会になる一歩となり、自分とは何者かを認識できる足がかりになるのです。

　さらに、「自分の言葉」を持つということは、実はリサーチ力や表現力の問題である以上に、自分が何をする人として社会に関わっているか、関わろうとするのかと向き合うことです。このプロセスは教科書や参考書では決して得られません。ですが、親の生き方を通して子どもの実感を後押しすることはできるはずです。

また、親がお父さん、お母さんという一面の存在としてだけでなく、職業を通して社会とつながって生きているということを知ることは、そもそも個人というものの多面性を知ることであり、それを知るのと知らないのとでは、社会を考えるベースが変わってくるのではないかと思うのです。

その7
合格実績だけで塾・予備校を選ばない

昨今は、総合型選抜の指導を謳う塾や予備校がにわかに増えています。

「一般選抜対策と合わせて、総合型選抜指導も可能！」「●●大学●●学部の総合型選抜合格者数●名！」など、今、多くの塾・予備校が、総合型選抜のためのコースや専門的な指導を売りにするようになっています。

かく言う私自身も、前職ではある民間の塾で長年この指導に携わってきました。

まさにそこでの経験が、今の人財育成事業や非認知スキルの研究活動に非常に活かされているのですが、そうした立場からの意見も踏まえ、総合型選抜を受ける受験生にとっての塾・予備校の意義についてお伝えできればと思います。

結論から言うと、塾・予備校選びのカギは、親の「受験観」です。「受験観」とは、受験の価値をどこに置くかということ。これはもちろんご家庭によって異なるものだと思います。

価値観は多様なものですから、そこにいい・悪いやこうあるべきという概念はありません。ですが、合格する子の親に共通する受験観があるのも事実です。

それは、シンプルに**「塾・予備校に通う真価は合格ではなく、プロセスの豊かさにある」**という考え方です。

逆に、「最短の合格ルートのために塾・予備校がある」という考えで塾・予備校に通わせ総合型選抜の対策をすることは、あまり意味があると言えません。

保護者の方々のほとんどは、総合型選抜の経験者ではありません。だからこそ塾や予備校にアドバイスを求められるわけですが、その存在を「書類の書き方を教えてくれる便利な存在」と思われるのは間違いです。

なぜなら、こうした考え方ほどこの入試が目的としているものと正反対のものはないからです。

教育の本来の目的は、その子の能力を引き出して鍛え上げることです。むしろそのための手段やプロセスに総合型選抜があると考えた方が自然です。一部、「ラクして簡単に志望理由書を作れます」「プロの講師が合格する書類をほぼ代筆します」と謳う予備校もあるようですが、これをやると子どもは育たなくなっていきます。

子どもの話をさえぎったり代弁したりする親と同じことを、事業者レベルでやっているのと変わらないからです。

総合型選抜の価値を正しく打ち出すことなく、「入試突破のノウハウを持っています」「その方法を伝授します」といったプロモーションをする塾や予備校に惑わされることなく、大学受験を通して人生をデザインする力をお子さんに鍛えさせたいのであれば、その塾・予備校の人財育成観が実際のカリキュラムやシステムに本当に組み込まれているかを吟味することが欠かせないと思います。

以下の3点をチェックするようにしてください。

1. その塾や予備校のカリキュラムは、受験生の個性や意欲、願いを引き出すものになっていますか？

2. その塾や予備校は、大学、学部の価値を、偏差値だけで捉えていませんか？

3. その塾や予備校は、親と子をつなぐような、世代の違いを超えて共有できる人財育成観を持ち、それを実践していますか？

合格実績ばかりを強調したり、「人財育成します」とのスローガンを掲げていても実際のカリキュラムは合格までの最短ルートだけを追求するものだったりする塾・予備校は、総合型選抜を指導する環境としては弱いと思います。

もちろん効率的な学習は重要ですが、あえて正解を示さずに子ども自身に思考させる環境の方がずっと価値があり、その後の人生に役立つということは、親が一番わかっているはずです。

　また、合格という結果にこだわる親と、そうでない親との差が如実に出るのは、総合型選抜で不合格となり、その後、一般選抜に臨むことになったケースにおいてです。

　実は、総合型選抜では不合格だった大学に一般選抜で合格するという事例は少なくありません。そうした結果を出すお子さんの親は「合格・不合格」を「よい・悪い」で捉えていません。

　むしろ、総合型選抜で得た経験を「よきこと」として捉えられています。その上で、次の一般選抜のチャンスを応援する親を持つ子は、大学に進学したいという思いに絶えず薪をくべることができるため、結果につながるのだと思います。

　一方で、不合格という結果が出たときに「だったらやらせなきゃよかった」と親がマイナスに捉えてしまうと、子どもも後悔することに時間とエネルギーを使ってしまうため、次のチャンスを活かしきれなくなってしまうのだと思います。

であるからこそ、なおさら塾・予備校選びの基準は非常に重要だとも言えます。表面的なプロモーションに踊らされずにわが子にとって真に価値ある塾・予備校を選ぶよう導くのは、保護者こそができる大きなサポートの一つでしょう。

その8

「ＳＤＧｓネイティブ」の可能性を認識する

「合格」という目に見える結果よりも、そこに至る「プロセス」で得られるキャリア観や自己発見に価値や意義を見出すという考え方は、実は親以上に子どもの方がしっくりくるのかもしれません。

１９８０年前後以降に生まれた子を、デジタルネイティブ世代と言うようです。彼らは、生まれたときからネット環境があり、情報量が以前とは格段に違う環境で成長した人財であり、まさに現在の中高生はデジタルネイティブの頂点にいる存在と言えるでしょう。

そうした彼らのキャリア観や価値観、購買行動は、これまでの大人たち世代のそれとは全く異なります。安定した仕事に就き結婚し、子どもを産んでマイホームに暮らしながら、週末はマイカーでドライブ、といったわかりやすい幸せの定義ではなく、むしろ、不条理で未完成な社会の課題にリアルに向かうことを好みます。彼らは、経済的な豊かさが動機となるマネードリブンではなく、使命感に突き動かされるミッションドリブンなのです。

これは、私自身もこれまでの指導で多くの10代の人財と出会ってきた経験から、まさにその通りだと実感しています。大学合格の可能性を広げるために総合型選抜にチャレンジはするものの、志望理由や研究テーマを模索する中で、最終的には、合格することと以上に、自分の「ミッション」が明確になり「人生の行動指針」を見出せたことに最大の価値を置くようになるケースがほとんどだからです。こうしたデジタルの申し子たちの価値観は、親のそれとは驚くほど違うのです。

そして、こうした若い人財の価値観の方が、実社会における最新の潮流に本来は圧倒的にマッチしているように思います。

「ＥＳＧ投資」という長期投資についてご存じでしょうか？

Environment（環境）、Social（社会）、Governance（企業統治）の頭文字をとり、この3つの観点から企業の将来性や持続性などを評価・分析し、投資する方法のことです。決算書などの財務情報に表れる収益性のデータを判断基準にする投資とは異なり、ＥＳＧ投資では、財務情報には表れない、環境問題、社会問題に対する企業の取り組みや健全な企業統治などが、投資の判断材料となります。実は、短期的な収益性だけを重視する企業よりも、ＥＳＧの指標が高い企業の方が事業の持続性が高く、かつ、投資リターンが大きいことから、近年ではこの指標が投資の主流になっています。

この投資は、第3章で述べた世界全体が一丸となって推進しようとしているＳＤＧｓの達成をまさに推進する投資であり、「新たな事業の可能性」と「実社会の課題解決」の両立に対して企業を評価するという点が特徴的です。

実は、ＥＳＧ投資が主流になる国際社会において日本企業には大きな課題があります。それは、せっかくＳＤＧｓに貢献する事業に取り組んでいても、その価値や収益性の関係などを強く発信し、企業のプレゼンスを高めることのできる人財が圧倒的に不足している点です。

私は、そうした課題に対していろいろな意味でカギを握る人財が、まさにデジタルネイティブ世代ではないかと思います。前述の通りこの世代の価値観は、親御さんのような大人世代とは全く異なりますが、その違いを端的に表すならば、デジタルネイティブは「ＳＤＧｓネイティブ」でもあるということです。つまり、物質的な豊かさが当たり前の中で生まれたデジタルネイティブ世代を駆動させるものは、経済的な目先の利益よりも社会課題の解決の方にあるのです。

恐ろしいことに、子世代が中心のＳＤＧｓネイティブと親世代が中心の企業との間にある価値観ギャップは想像以上です。ある調査によると、ＳＤＧｓネイティブの83%が、「事業の成功は財務上のパフォーマンス以外でも測定されるべき」と考えています。また、「企業が達成すべきこと」に関する質問では、重要性の高い項目として「地域社会の改善」や「環境の改善と保護」が挙がっています。

一方、多くの企業は、「収益の創出」や「効率性の追求」などを企業活動における高い優先事項と考えているのです。

こうしたギャップから、いくら大手有名企業であっても社会貢献事業に後れをとる企業は優秀な若い人財が獲得できなくなることも指摘されています。実際に、高い給与を提示できるシリコンバレーのユニコーンベンチャー企業であっても、「社会的責任を推進していない」という理由で優秀な人財が確保できず苦労しているという話もあるそうです。

ですから、こうした世代に「あの大学に入れば将来は安泰だ」とか、「あの仕事に就けば高給がもらえる」などのように将来の収入の多さや安定した生活を求めるようなアドバイスはちょっとナンセンスだと思います。

これは比較的高学歴の保護者の方に多い傾向だと感じますが「そうは言っても、今の生活があるのはお父さんが働いてくれているお陰。だから、お父さんと同じようにやっていけばいい。お父さんとお母さんは大学進学の際にやりたいことなど全く考えてはいなかった。それでも今立派に生活できている。だからあなたも考えが深まらなくったって仕方がない。まずは勉強さえしていればいい」という割とありがちな親のメッセージほど、子どものやる気と可能性を削ぐものはないと思われます。

こうした高校生たちに対して親御さんがすべきなのは、親の成功体験を語ることではありません。ビジョンや夢を語ることです。「世界には、今こんな課題があって、これを解決すればこんな素晴らしいことが起こる」とか、「世界はこんなことを求めていて、それをすることは世界の人々を幸せにすることだ」などなどですが、これは一人の社会人として何をどう考えているかという、親の哲学が問われることになります。

ただ、確かに言えることは、合格する子の保護者の方は、総じて「わが子に総合型選抜を受けさせたことによって、親としてだけでなく一社会人、一職業人としても非常に勉強になった。親子両者が本当に鍛えられる入試だった」とおっしゃるのです。

絶えず変化し続ける実社会で「人生１００年時代」を生きるには、若い世代だけでなく年齢を問わず何歳になっても学び続けることが求められると言われています。

子どもの成長だけでなく、親自身の成長も問われるプロセスが総合型選抜であるならば、これほど有意義な挑戦はないのではないでしょうか？

自分の足で歩いて行ける子に育てよう

ここまで、総合型選抜を通して見える日本の教育制度の問題点からこれからの入学者選抜の方向性、それを支える家族のあり方まで、さまざまに解説してきました。

最後に総括するとしたら、究極のところは、わが子を世界中どこへ行っても「食っていける」プロフェッショナルとして育て、どんな仕事に就き、どんな環境におかれたとしても自分の人生を自らの手で豊かに生きていける、そんな人財育成のプロセスこそが教育であり親の役割と言えるのではないでしょうか。

そして、プロフェッショナルとしての芽がわが子のどこにあるのかを探る一助となるものが、総合型選抜であると言えるでしょう。

こう書きますと、慶應ＳＦＣ環境情報学部の脇田学部長の言葉が思い出されます。

脇田学部長は同大の4期生。自学出身初にして、43歳という最年少で学部長になった人物です。

脇田学部長が学生たちにおっしゃるメッセージが、「自分が今やっていることを究めろ。親がどん引きするぐらい究め、究めることを容赦するな」です。

ノーベル物理学賞を受賞されたパール博士も、全く同じ内容を、「Be obsessed（専心しろ）」と異なる言葉でおっしゃっています。

どちらの先生のメッセージも共通して、「物事を徹底的に追究して、自分がこれと思うことに若い段階から没頭せよ。折り合いをつけることなど考えずに、思うがままに突き進め」という確信を感じます。

お二人が言いたいことは明らかでしょう。

こうしたトコトン追究した経験が力にならないわけがなく、卒業後、どんな職業に就いたとしても、かけがえのない財産になるとおっしゃっているのだと思います。

この意見には、私も全面的に賛成します。

第2章でも書きましたが、日本でもメンバーシップ型雇用からジョブ型雇用へのシフトチェンジが急速に広がっています。ジョブ型雇用を究めていくと、ある種の専門性に行き着きますし、働く人は「あなたは何についてのプロですか？」と問われることになっていきます。つまりは、これまで日本社会で重宝されてきた、「これもできればあれもできます。でもどれもそこそこです」というジェネラリストの育成だけでは、これからは通用しなくなるということです。

私も総合型選抜の原点であり本質は、ここにあると考えています。

これからの時代、一人ひとりがスペシャリストになることが不可欠です。

言い換えるならば、それは**「自分の人生を、本当の意味で自分のために生き切る」**ということに他ならないと思います。

私が理事を務める日本アクティブラーニング協会が提供しているさまざまな研修やメソッドも、まさにこの本旨と重なります。

最後になりますが、願わくば私たちの取り組みを通し、一人でも多くの人財が無限の可能性ある若いうちに自分の使命に気づき、未来へと飛び立ってくれることを。

私たちの取り組みが、次世代を担う人財育成の一助となれれば、これに勝る喜びはありません。

読者の皆さんとお子さんの、大願成就を願ってやみません。

おわりに

2020年は、これまでの日常の姿が大きく変容する激動の一年でした。これを執筆している今もなお、新型コロナウイルス感染拡大防止に向け緊急事態宣言が発令され、外出自粛要請により、人の移動や接触が制限される事態が続いています。

その一方、働き方や暮らし方などあらゆる場面においてオンライン化が加速し、その広がりによってデジタル化に向けた新しい試みへの機運が劇的に高まりました。

では、日本の教育を振り返ると、どうでしょう？　奇しくも2020年は、抜本的な教育改革が始動する年でした。高等学校では、主体性や協働性を育む目的で生徒が自ら問いを見出す「探究学習」への移行が進み、さらに大学入試においては、知識や技能だけでなく、受験生の多面的な能力や適性を評価する試験制度への整備が求められました。つまり、これまでの画一的な学びから、生徒一人ひとりの可能性に光を当てる教育への転換がこの改革の本旨だったのですが、そこに、コロナ禍による未曽有の事態が発生したわけです。密を避け、教室での授業ができなくなった状況への施策として、各種教育機関がオンラインによる遠隔授業を実施しました。その様子を、多くの人がニュースで目にしたのではないでしょうか。

この潮流は日本にとっては大きなチャンスです。日本のＩＣＴ教育は世界の後塵を拝していますから、コロナ禍が後押しする形となって教育現場にも広くテクノロジーが普及し、その質が高まることが期待できるからです。ＩＣＴを教育に取り入れるメリットの一つは、個性や能力に合わせ、個別最適化された学びの提供が実現できる点にあります。教育改革も、画一的な学びから、個々の主体性を引き出す学びへの転換を目指すものですから、コロナ禍によってもたらされた教育への変化は、進むべき道を阻害するものではありません。

ところが、なかなか変わらない教育界の現実を目の当たりにするデータがあります。ある私立大学の学部別の２０２１年度一般選抜と共通テスト利用選抜の募集人数に対する志願者数及び倍率です。

●**文学部**

一般選抜　募集人数４８１人　志願者数９２６９人（倍率19・3倍）

共通テスト利用選抜　募集人数１０４人　志願者数３５７２人（倍率34・3倍）

●**経済学部**

一般選抜　　　　　　募集人数374人　志願者数5407人（倍率14・5倍）

共通テスト利用選抜　募集人数95人　志願者数3214人（倍率33・8倍）

●**社会学部**

一般選抜　　　　　　募集人数291人　志願者数6408人（倍率22・0倍）

共通テスト利用選抜　募集人数72人　志願者数2581人（倍率35・8倍）

説明するまでもありませんが、この倍率をかいくぐり合格を手にするには、ペーパーテストによるスコアを上げる他ありません。満点が400点だとすると、数千人が受験した場合、その点差は100分の1点程度。非常に限られたわずかな席を求めてミリ単位の戦いが繰り広げられる様子が目に浮かびます。

個性や適性を伸ばす教育がテクノロジーにより推進されれば、本来は、最適な進路を個々に提供できるはずです。そうなれば、多様な進路選択が可能となり、志願大学においても受験生が一極に集中するような事態が防げます。大学側も、受験生の顔すら見ない大量処理型の採用をメインシステムとはしなくなるでしょう。前述の教育改革も、画一型の教育からの脱却という本義は共通するはずですが、今のところことごとくその目的を果たせない忸怩《じくじ》たる状態にあるのが日本の教育界なのです。

では、この状況を打開するには、一体何がカギとなるのでしょうか？

実は、コロナ禍が推し進めたものはデジタル化だけではありません。家での時間が増えたことにより、ほぼすべての世代が家族の存在や人とのつながりの重要性を改めて感じることになりました。

私は、ここに一つの希望を感じています。人や社会とのつながりを意識し、自己との関連を導く資質こそが、本書でも大きく取り上げた「非認知スキル」の最大の基盤だからです。そして、本書で散々述べた通り、このスキルは、親子の関係を再構築することで伸ばすことができます。つまり、コロナ禍がもたらした人的ネットワークの再編と深化は、まさに目には見えない「不思議な学力」に目を向けるきっかけになるのではないかと思うのです。

教育改革がどうあれ、若い人財の資質がまずは身近な家族の中から芽吹き、その大河の一滴が集まり、やがては大きな波紋となって社会をいい意味で揺さぶる活力となれば、これほど嬉しいことはありません。

2021年3月　青木唯有

参考文献

1. インターネット 文部科学省のホームページ 学制百年史 第一編第一章第二節 四 小学校の普及と就学状況 小学校の就学状況「表4 学齢児童の就学率」

2. インターネット 高校生新聞®ONLiNe 2020年3月24日記事

3. インターネット 日本経済新聞 2020年8月20日記事

4. インターネット Newsweek日本版 2020年7月31日記事

5. インターネット Newsweek日本版 2015年12月1日記事

6. 寺島実郎(監修)・一般財団法人日本総合研究所(編) 『全47都道府県幸福度ランキング 2018年版』東洋経済新報社、2018年

7. インターネット 慶應義塾大学 総合政策学部・環境情報学部 アドミッションズ・オフィスによる自由応募入試(AO入試)2020年度実施募集要項

8. インターネット デロイトトーマツ「2018年デロイトミレニアル年次調査」

取材　村奈若菜
編集協力　相川秀希（日本アクティブラーニング協会理事長）
石川成樹（日本アクティブラーニング協会理事）
中村 実（編集企画シーエーティー）
デザイン　小口翔平+畑中 茜+後藤 司（tobufune）
DTP　美創

青木唯有（あおき・ゆう）

民間教育機関で20年以上にわたり総合型選抜（旧AO入試）を始めとする特別入試に特化した指導に携わり、早慶・国公立等、延べ3万人以上の合格指導実績を持つ。「非認知スキル」に関する東京大学との共同研究プロジェクトに参画。「大学受験で育む親子軸」や「次世代入試は〝非認知スキル〟で決まる」をテーマに、ブログや各種セミナーで受験生や保護者、教育関係者向けにオリジナルの見解を定期的に発信。現在は日本アクティブラーニング協会理事・人財開発教育プロデューサーとして、企業・教育機関の研修プログラムの企画、開発を行っている。

- ブログ　https://note.com/aoki_y
- YouTube　https://www.youtube.com/channel/UCadFavCUq2AU5VBShuUTYMw

日本アクティブラーニング協会

Japan Active Learning Association（JALA）

大学教授・海外大学・企業等との連携による高大社接続プログラムや、演劇メソッドを取り入れたワークショップ等を通じて、6万人以上の学生・社会人と実践してきたアクティブラーニングの実例から引き出した有形無形のナレッジを、学校教育、企業研修等、全国の多様な教育現場に役立てるために発足した社団法人。非認知スキル育成のための円盤型教材による「SDGsカリキュラム」及び「シアターラーニング」は、方法論や手順の教授ではなく、行動や体感を通じて想定外の事態に立ち向かう力を鍛える人財開発プログラムとして、各種教育機関だけでなく企業研修にも広く導入されている。企業向け研修の回数は年間250回以上。また、非認知スキルを可視化する診断システム「PASS25（Proficiency Assessment of 25 Soft Skills）」、SNS型eポートフォリオ作成システム「Feelnote®」による人財マッチングシステム、国内外の大学に対応できるオンライン出願システム「The Admissions Office（TAO）」など、これからの採用や選抜に必要な新しいシステムも開発している。これらの教育プログラム及びシステムは、その取り組みに応じてSDGs達成に向けた活動への寄付が行われる社会貢献モデル「SDGs Point Project」のためのSDGs認定カリキュラムとなっている。会長　安西祐一郎（日本学術振興会顧問・元慶應義塾長）、理事長　相川秀希（サマデイグループCEO）。

- HP　https://activelearning.or.jp/
- YouTube　https://www.youtube.com/channel/UCuQCwI8EI7MzOPWqIk2uZEw

親が偏差値思考をやめれば、不思議なほどわが子は伸びる
AI時代を生きるための「非認知スキル」

2021年3月15日　第1刷発行

著　者　　　青木唯有
発行人　　　見城 徹
編集人　　　福島広司
編集者　　　真鍋 文　木田明理
発行所　　　株式会社 幻冬舎
〒151-0051　東京都渋谷区千駄ヶ谷4-9-7
☎03-5411-6211（編集）
☎03-5411-6222（営業）
振替 00120-8-767643
印刷・製本所　中央精版印刷株式会社

検印廃止

Printed in Japan
ISBN978-4-344-03767-0 C0095
幻冬舎ホームページアドレス
https://www.gentosha.co.jp/
この本に関するご意見・ご感想をメールでお寄せいただく場合は、
comment@gentosha.co.jp まで。